JN039295

住宅設計
エスキス帖

Book
of
Esquisse

瀬野和広［著］

for
Architectural planning
by Kazuhiro Seno

瀬野式

住宅設計エスキス帖

瀬野和広
［著］

手で考えるということ

とにかく建築は描くことからはじまる。最初の一筆の後、その思考は手の動きに委ねられ、エスキスがどんどん進む。その有様を「手で考える」などとつぶやきながら、思考の深度とともに姿が見えてくる。つまり、わたしにとってエスキスとは、落描きのようなものだが、建築思考の源泉であることは間違いない。

思えば数十年前、運よくゼネコン設計部に拾われたことから、わたしの建築人生はスタートした。いわゆる建築専門教育を受けておらず、いきなり実務畑に放り込まれ、自分の身体を動かしながら先輩たちの見様見真似で「建築とは何か」を学んできた。なかでも師と仰ぐ上司・柿原總八郎との出会いは別格だった。師にしてみれば迷惑な弟子を抱えて困り果てていたに違いないが、十年あまりの歳月をともにし、設計の手ほどきや人生訓を叩き込まれた。それが現在の建築家人生につながっている。

弟子は師からいわれた言葉を鮮明に覚えているものだ。本書に通底するテーマとして記しておきたい。

「製図しながら考えるな。作図に徹しろ。まとまるまではエスキスの手を休めるな」
「次のテーマが見えたら、その上に必要線をなぞれ。それまで下絵ははがすな」
「どうしますかじゃなくこうしたいという絵面を持ってこい」
「描いたエスキスは絶対捨てるな」
「知恵のないやつは汗をかけ」

この教訓語録を座右の銘として、今日の活動があることに感謝しながら、エスキス帖を公開してみようと思う。どうか気軽な気持ちでお手に取っていただき、「手で考える」ための参考になれば幸甚である。

瀬野　和広

１章　建築を描くコトはじめ

はじまり

何にでも「はじまり」がある。建築のエスキスは、ふと描く一本の線からはじまる。それは間取りや形など、具体的な何かではない。極力決めごとをせず、自由に手を動かす。描く場所は必ずしも自分のデスクではなく、クライアントとの打合せ後の移動の車中などが多いだろうか。打合せ中に挙がった要望やさまざまな条件を、熱冷めやらぬ間に整理しようとする意識が働くからだ。ただ、頭の中に構想があるのに、描きはじめるとその輪郭が思うようにならないことも多い。常にそんなギャップとの格闘だ。いつになっても、どんな計画の中にも必ず発生する。その間を抜け出すまでは、延々と手を動かし続ける。すべてのエスキスには、このような格闘の時間が内包されている。

ただ、どんな計画でも描かないことには、その先何も生まれないし、進まない。つまり、構想は落描きの繰り返しによって、基本設計への情報整理と、形づくりの意志にならないといけない。すべての家づくり・建築づくりは、必ずクライアントとの時間的契約が前提にある。エスキスは時間的ロスが致命傷になることから、どんな印象

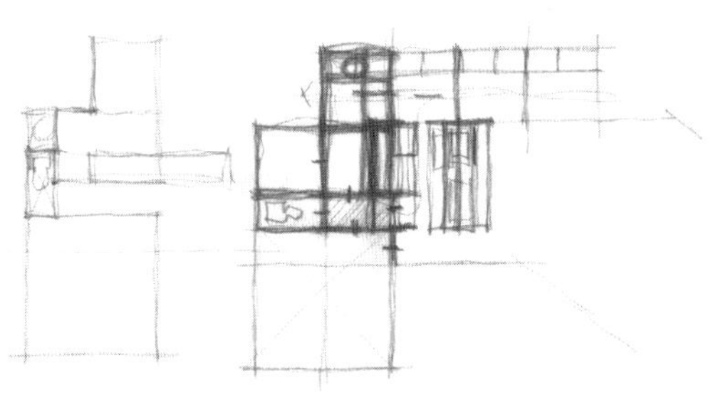

でも即座に描きはじめるようにしている。とはいっても、その日そのときの気分や体調が大きく作用する作業。打合せ相手との相性や要求内容によっても変わってくる意外にデリケートなコトはじめでもあることは否めない。

間取り

敷地の輪郭やサイズを頭に入れながら、何はともあれ間取り（プラン）を先行させないことには、その後の「ものさし」にならない。住宅設計の場合は、とくにプラン如何で家づくりの良し悪しが左右されるから、緊張の場面でもある。かつて、暮らしはみな「土間」に接続されていた。そこには玄関機能もあるため、常に家族が社会と直結していた。そんな暮らし方を、現代の家づくりに復活させながら、引きこもりとは縁遠い子どもたちが育まれる家づくりにしたいと考えている（108頁参照）。

現代であれば、かつての土間の役割の多くを「ＬＤＫ」が担っている。設計条件に合わせてＬＤＫを最大確保しながら、諸室機能を割り当てる作業に移る。とりわけ水回り機能は、プランもさることながら、インフラのパイプラインが常に付きまとう。そのため、配管経路の短縮化と錯綜を避けた配置関係を意識している。

２階建ての場合、階段の位置は大事である。上下階ともに、階段までの動線に複数の機能をもたせることを心がけている。この「複数機能をもたせた動線」は、間取りを考える上でとくに重要となる。それに諸室同士の関係や開口部の有無、サイズなどが落とし込まれていく。

さらに四季を通じ、陽と風の角度や流れの変化を「建築そのものの形でコントロールする」ことを間取りの前提としたい。陽と風は、内部空間の温熱環境づくりの要であるとともに、建築を長持ちさせるための重要な要素だからだ。敷地の上に尺モジュールグリッド（９１０×９１０）を入れておき、リアルサイズの輪郭線を重ねていく方法が合理的だ。間取りは常に起点となる。

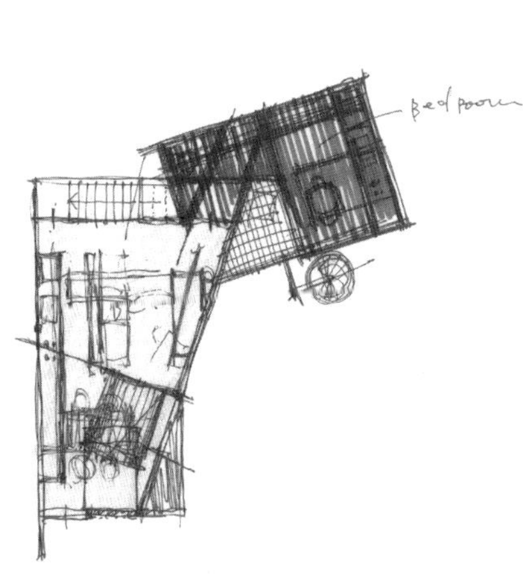

佇まい

起点となる間取りのエスキスも、周辺環境条件や自然の摂理を意識した途端、立ち姿が見えてくる。このあたりから、教科書でいうところの「平面と立・断面は同時に考える」段階となり、陽や風をコントロールする工夫も最大限盛り込もうと意識が移っていく。

奇抜な屋根形状や外壁の凹凸など「形のデザイン」にのめり込む人もいる。模型を数十個もつくりながら、あれこれスタッフと議論する場面を疑問視することがある。「佇まい」は、社会の眼に直接触れるため、つくり手の景観的責任は重大だ。ここは環境調和の吟味に徹し、まちなみから突出したような形は避けたい。なるべく控えめに「最後に形を整える」意識くらいの方がよいと思う。

自然の摂理に逆らわないプランニングを心がけていれば、その場所に適した形が生まれることを信じたい。その上で、平立断のエスキス作業での詰めこそが、「佇まい」の良し悪しを決定づけるのである。

さらにもう一つ、設計で重要視していることがある。それは「子どもは子ども部屋で育たない」ということ。わたしの「間取り論」ともいうべきものなのだが、個室単位での子ども部屋を与えるよりも、「家全体を子ども部屋にする」という捉え方での断面設計を重要視している。

「子どもは断面に遊び、容積で育つ」からである。

モデュール

木造住宅が仕事の大半なのだが、資材建材はおしなべて「尺貫モデュール」で規格・製品化されていることもあり、無駄をなくし歩留りをよくするためにも303ミリ（1尺）をベースにエスキスも進めている。とくに変形地のプランニング時などは、あらかじめ縮尺を決めて、各辺の敷地ラインに沿った「910ミリ（3尺）グリッドを引いた台紙」を何枚も持ち歩きながら、新幹線や飛行機などの中でも作業できるようにしている。

モデュールとは、「基準寸法決め」と理解すればよい。その数値をスパン割りや階高設定に乗除しながら、間取りや立断面の寸法体系をエスキスの中で決めていく。白紙にグリッドラインをフリーハンドで描き、たとえば「これが一辺何メートル」と決めたとしても、なかなかその後の展開の中でスケール音痴な絵面になってしまうだろう。そんなとき、先のグリッド線を下敷きにすることで、フリーハンドでもオンスケールの作業が可能になる。この作業では、「敷地に対してどんな配置（輪郭）になるのか」

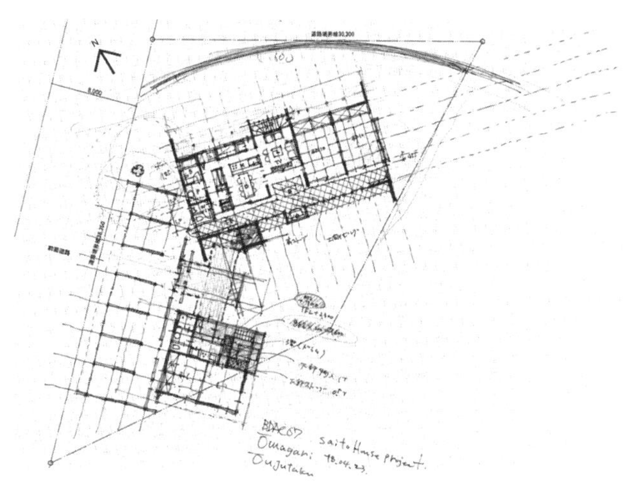

を検討することが多い（モデュール台紙は建築規模の把握、とくに面積計算がしやすい）。

そこまで決めておけば、次の段階として「方眼線の入ったスケッチブック（目盛りを尺やメートルとする）」に移行し、どこにいても平立断面を詰める作業にかかれる。

骨格づくり

多くの木造住宅をつくり続けている。構造となる「骨格」は、耐力と耐久性を担保する要。つまり、耐震性のある長寿命な「骨格づくり」をエスキスの中にも見出そうとしている。家の長寿命とは、その場所に建ち続け、世代循環しながら代々住み継いでいくことだから、補修改修も想定した上で、時代の流れに耐えられるものでありたい。そのためには、住まい手に「この家を長持ちさせたい」と思ってもらうことが、われわれの重要な役割である。

木造だから、骨格はいうまでもなく木である。しかし、この木の選定は、実に難しい。土台や柱、桁梁などの構造材や、鴨居や敷居、天井板となる仕上材(化粧材)、建具などの造作材、垂木や野縁などの下地材(羽柄材)に大別しながら、樹種を含めて適材適所の振り分けも、実はエスキスの中で思考している。

耐力と耐久性を前提にしたとき、「木ならなんでもよい」というわけにはいかない。さらに、流通材のほとんどが人工乾燥機にかけられ、強制的に水と精油を抜かれ、調

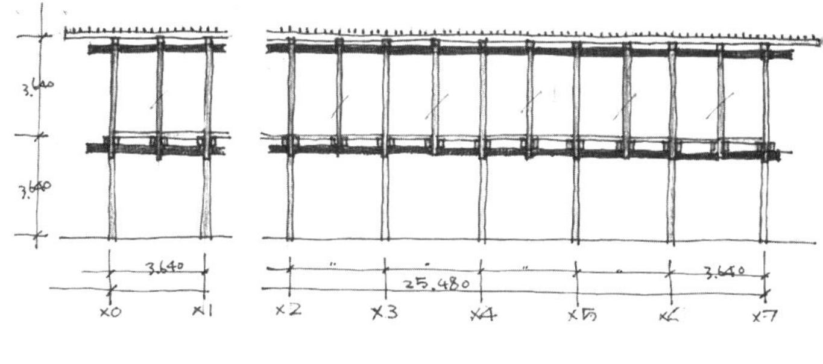

湿機能を失ったカサカサ肌の製材木とあっては、その性能を疑わざるを得ない。

それらを避けたいがため、われわれは進んで山に入り、「木の切旬（きりしゅん）（秋の彼岸明けから冬（2月頃）にかけての時期）」を見ることからはじめる。その後、「葉枯らし（木を切り倒した後、枝をつけたまま山に数か月置いて枝葉から水分を蒸発させる工程）」から製材、天然乾燥工程を確認しながら、およそ2年の月日をかけて流通材にされたスギやヒノキを、屋台骨（構造材）にすることにこだわっている。

耐力と耐久性の確保は、「木材の生産的生立ち」に左右されているといっても過言ではない。何はともあれ、この資源の有効活用を図るための木の骨格づくりをエスキスしよう。

木組み

木の建築を手がける以上、「木は木で組む木造」を前提した建築を考え続けたい。現在は、大工本来の手刻み技術の衰退により、機械加工(プレカット)による部材づくりが主流になってしまった。結果、大工の主業務は、その支給部材の組み立てに甘んじているのが現状である。やわらかい木に凝固な金物で締め付け、接合部を強制的に固めてしまうのが合理的工法となって久しい。母材が鉄骨やコンクリートならば理にかなっていると思うが、木と金物の相性に不安を抱かずにはいられない。

先人たちの範を見れば、すべて木は木で組み、木の栓で締めている。接合部は、ホゾがさまざまな形に刻まれてその凸と凹が嵌合され、すべてのフレームワークが大工の手で施されていた。そのフレームは外力を受けても部材が破壊することなく、木組み同士の摩擦抵抗によって倒壊を阻んでいたのである。その一方で、木に木をあてがい金物で締め付ける大量生産の家づくりに、木造本来の価値を見出すことはできない。すべてとはいわないまでも、せっかくの木造である。木は木でしっかり組み込み、金物はあくまで補強として使用すべきではないだろうか。現代の在来工法に先人たちの知恵と大工本来の仕事を組み込みながら、時代に合った合理性を模索したいと思っている。

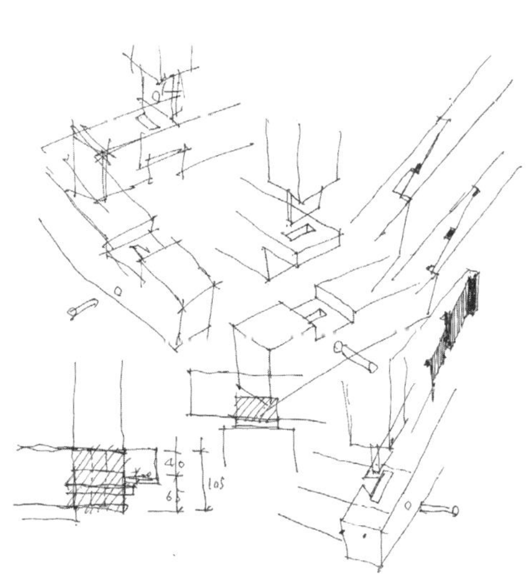

ディテール

プランからはじまるエスキスも立断面の検討を経て、全体のヴォリュームが定まりだした頃、気になるのが「ディテール」である。開口部の納まりや枠廻りなどは、仕様をアトリエで標準化しスタッフと共有しているが、とりわけ断面詳細としての「矩計図」が重要となる。この矩計図までを最低限エスキスで押さえて、スタッフに引き継ぎ、CAD図面化したいと思っている。

詳細図の条件は、「各部位の数値決め」である。これを矩計図に描き込みながら、高さ方向の数値的な裏づけの確認を図っていく。スタッフと問題点などを共有するためにも、必要不可欠な作業である。「矩計図」こそ各部ディテールの起点となることから、責任ある作業にしなければならない。

数値の押さえは、躯体となる桁の位置関係と、桁の断面数値の決定。木造の場合は、そうすることで木組みのあらましが具体的に見えてくる。さらにさまざまな接合部の嵌合具合の数値化や、ホゾ形状の検討さえ、エスキスで考え込んでいる。

本音をいえば、フリーハンドで詳細図を描きながら正式設計図書としたい思いもないわけではないが、そこまでの表現スキルがないことはいうまでもない。いずれにしても、スタッフとのコミュニケーションツールがやっとのレベルである。高さ関係のディテールは、全体のプロポーションにも大きな影響を及ぼすことから、設計者としての意思表示を明確にする重要な局面と捉えている。

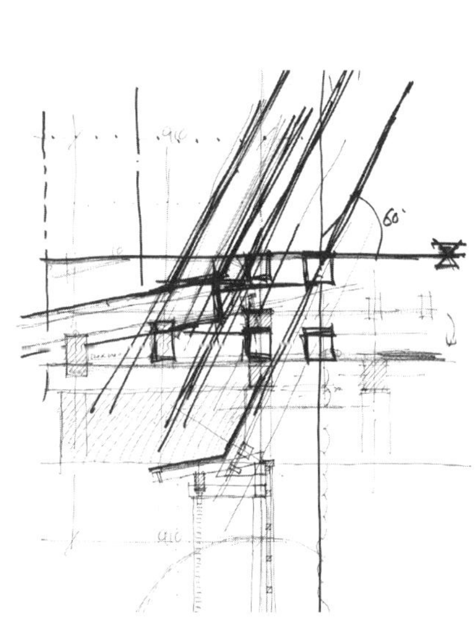

2章　設計エスキス

家とまちの按配のいい関係

垣根越しの陽だまりの家

どんな敷地条件であれ、家と道、家とまちのかかわり方を無視した家づくりは考えられない。いかにそのまちの環境になじんだ暮らし方になるかを、エスキスを通じて見出そうとしている。この家の場合、東側の道は、南角で西に蛇行しながら敷地に沿って続く。エスキスは「家と道のバッファをどうつくるか」を意識して取り組んだ。

単にブロック塀だけでは解決しえない「垣根の曲がり角」として、コミュニティをつくり育める「囲み方」を提案したい。幸い、施主家族の理解が後押ししてくれた。「外から見られることは、家の中からも、外の様子を見通せるということですよね」の一言が決め手になり、家と道、家とまちの「按配いい関係づくり」を見出すためのゾーニングが見えてきた。生垣や既存樹木、低い板塀や庭の奥行き。さらに縁側がそのままリビングに引き込まれるまでのバッファづくりこそ、この場所とまちをつなぎとめる建築的責任と強く感じながら、プランニングが進められた。

実はどの家づくりも、「1件1案プレゼン」を原則にしている。複数案からの施主選択制では、案に対する思い入れが希薄になるからだ。１案を基に施主打合せを詰め、間取りや自然環境に対するコンセプトを変えることなく、２案目へと進める。

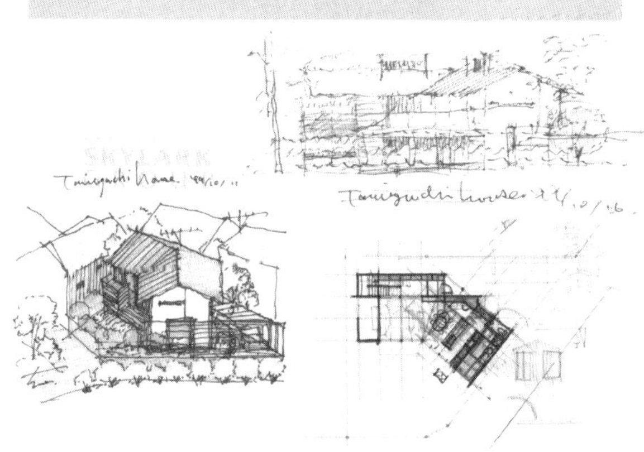

出先での昼食中、ふと浮かんだクの字型の間取りからの具体的な佇まいの形。風景になじむ住宅のあり方を模索する。

＜敷地形状に逆らわない＞

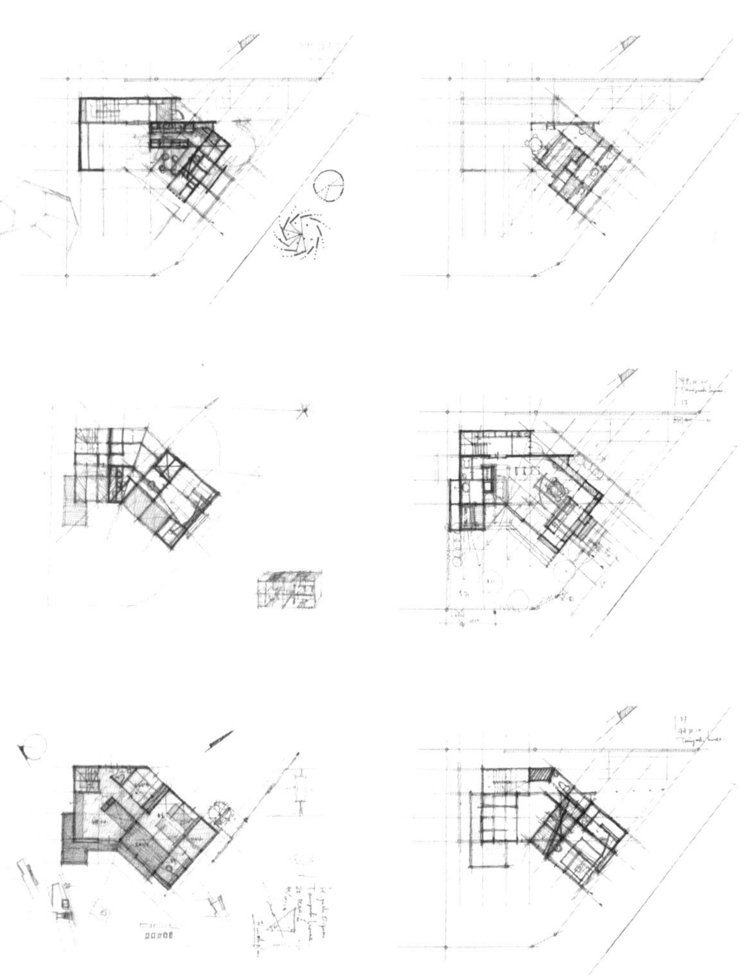

変形敷地の場合、先に敷地輪郭線を正確に描いた台紙を何枚か準備してからエスキス作業に入る。道路軸線に合わせ、素直にクの字型にすればうまくいくと考えた。このゾーニングは変わることなく実施案まで至る一方、間取りは幾度も試行錯誤が繰り返されることになる。

<1st プレゼン用エスキス清書版>

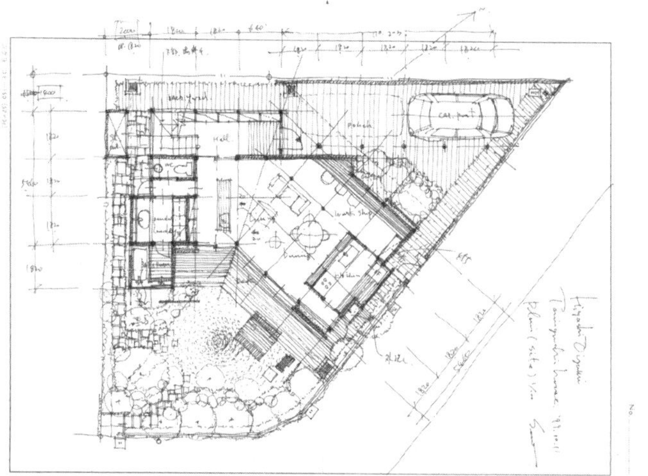

1stプレゼンのために清書版作図資料としてスタッフに渡した１階平面エスキス。
最終形のつもりで清書してみるも、やはりしっくりこない。理由は動線がバッティングしていることと、動線のみとなる空間が目立ち、間取りに無駄が生じていることにあった。ただこのときはまだ気づいていない。

<リビング動線が気に入らない>

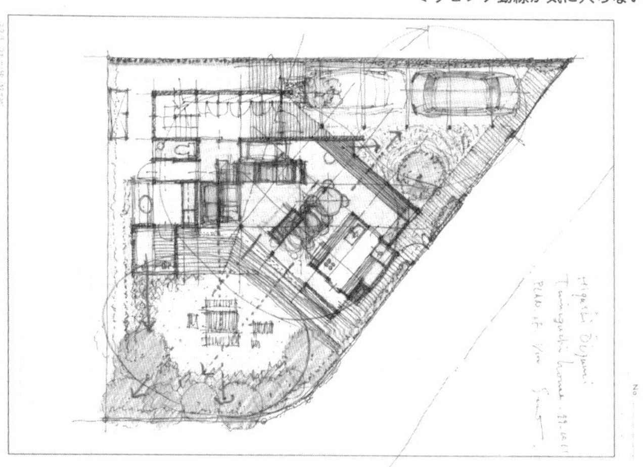

スタッフ作図中にもリビングの位置関係が気に入らず、ブラッシュアップしようと手が動き出す！
ほぼ最終形に近い1階の間取りだがいまいち釈然としない。どうもキッチンの位置がネックになっていることはわかっているのだが、まだ「リビングの家具配置で何とかなるだろう」と思っているときのもの。

<動線の見直しをはじめる>

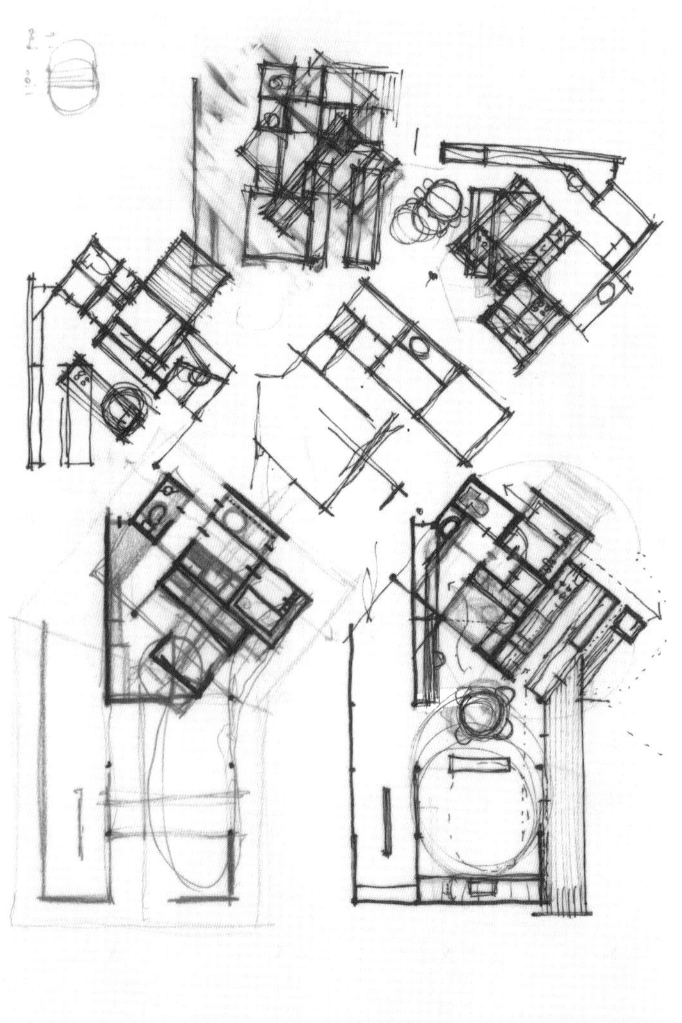

玄関・階段位置はそのままに、水回りを含めて家事動線すべてに手を入れはじめる。

<コア集約と動線の合理性を図る>

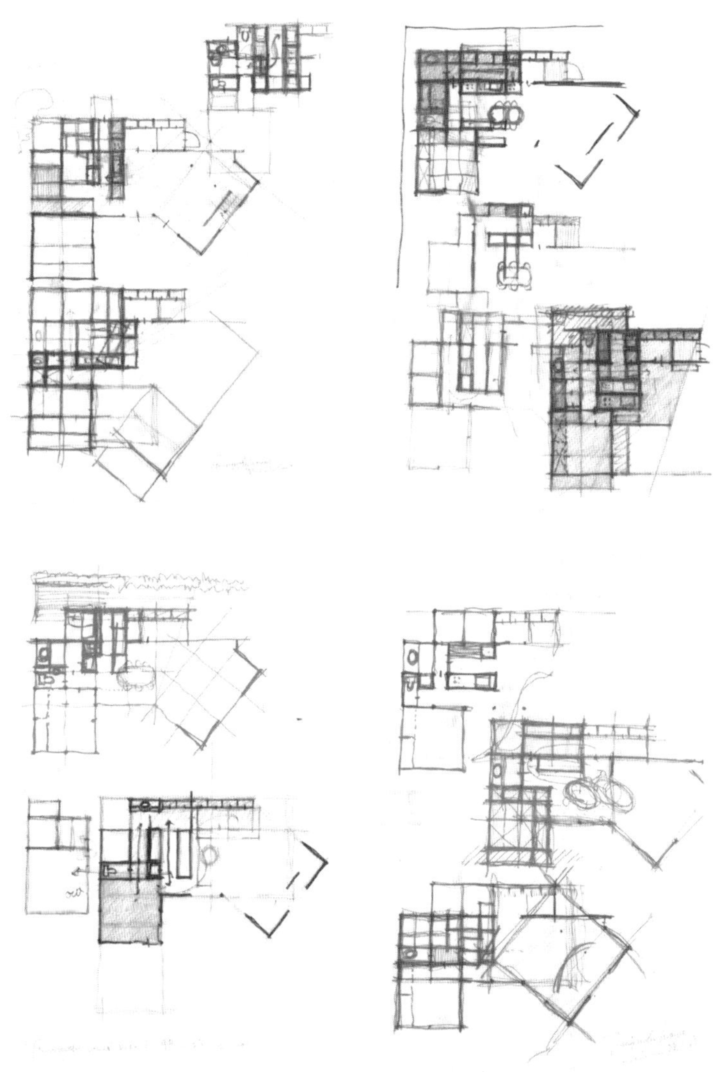

階段とコアの関係を"逆転"させることでプランニングがまとまる。

<修正エスキス：1F>

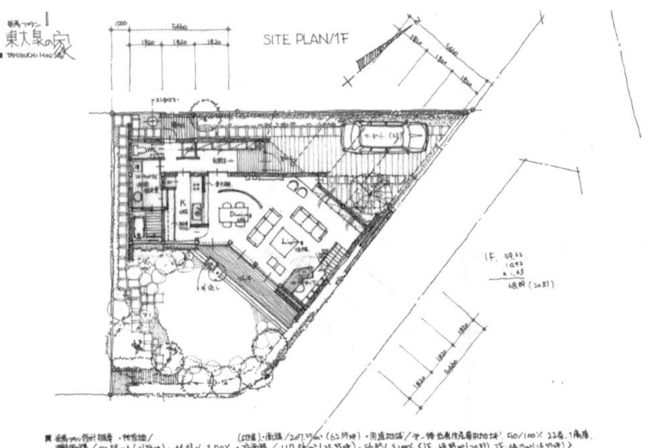

動線整理するため、思いきってキッチンを反対側ウィングに移してようやく納得。水回りを集約しながら、動線の無駄をなくすプランニングの基本を思い知る。二転三転しながらようやくプレゼン案がまとまる。当初案に対し、水回りの家事動線を集約することでリビングにゆとりができた（このエスキスプランが最終案になるはずだったが、この時点で和室増設の要望が入り、基本設計作業に委ねることにした）。

<回遊動線にこだわる：2F>

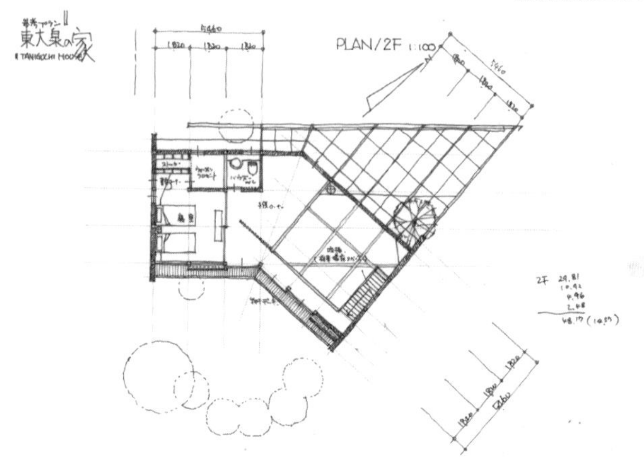

階段の位置も変わったところで２階のプランニングの整理を反映してみる。ただここでも行き止まりとなる動線が気になりだし、「何とか回遊動線で間取りを成立させたい」とこだわった結果、最終形の間取りへ引き継がれることに。内縁側として陽だまりを集めながら回遊動線を要に据えている。

＜ベランダのディテール検討＞

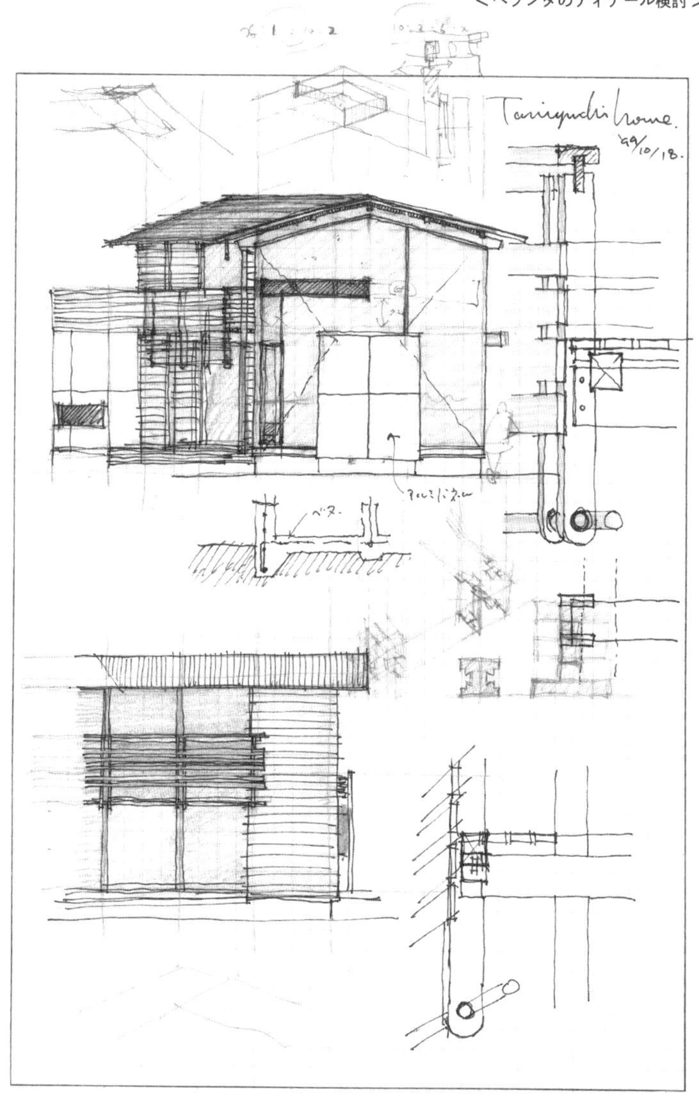

漆喰壁に木でアクセントさせる構成で、まちなみにはめ込もうと立面のエスキス。手摺とともに物干しも一体的にデザインしている。縦樋の存在も、建物のシルエットに大きな影響を与える要素であることを常に意識している。これら線的建材を目立たせない処理法を考えたい。

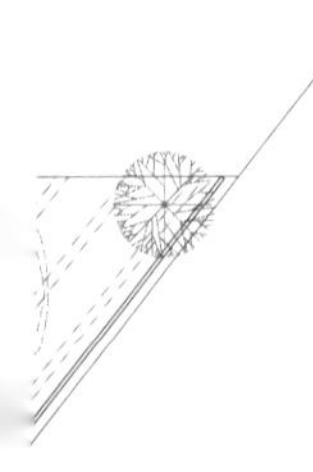

垣根越しの陽だまりの家

所 在 地 ／ 東京都練馬区
主要用途 ／ 一戸建ての住宅
構　　造 ／ 木造軸組構法
敷地面積 ／ 207.27㎡（62.69坪）
建築面積 ／ 79.68㎡（24.10坪）
延床面積 ／ 128.90㎡（38.99坪）
設計監理 ／ 瀬野和広+設計アトリエ
施　　工 ／ 創美建設

1階平面図　　S=1／150

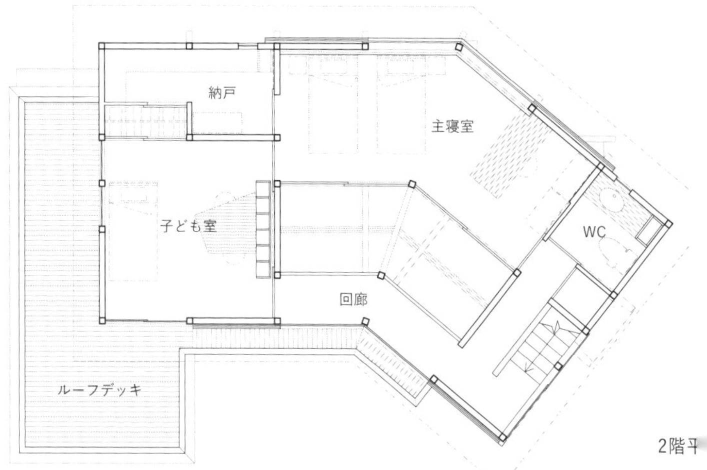

納戸
主寝室
子ども室
WC
回廊
ルーフデッキ

2階平

物置
バックヤード
WC
台所
ポーチ
玄関
洗面室
冷
アプローチ
書斎コーナー
浴室
居間・食堂
和室
縁側
前面道路
前庭
N

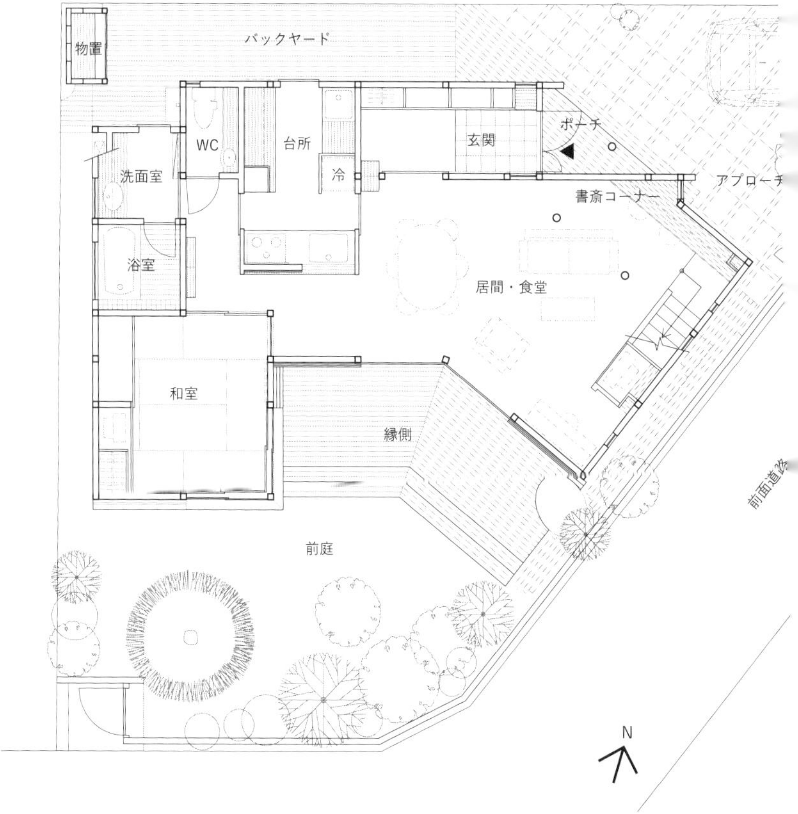

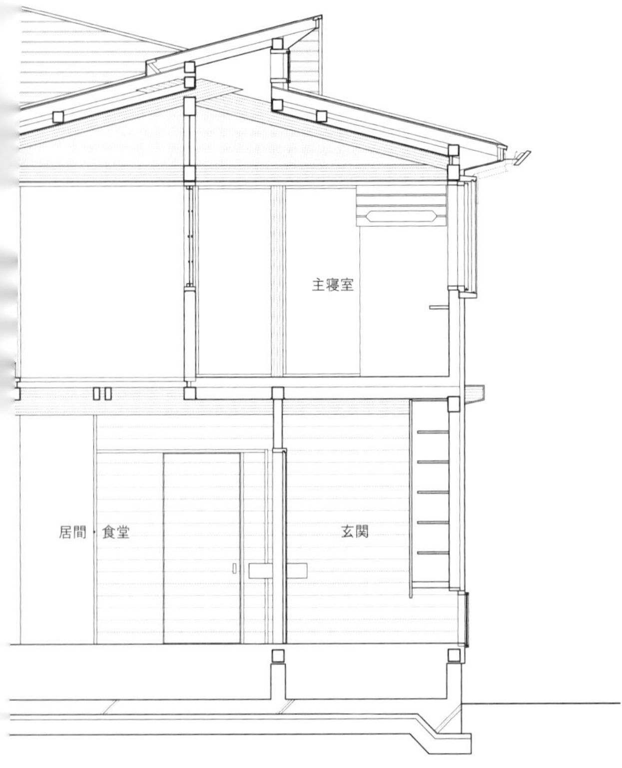
主寝室
居間・食堂
玄関

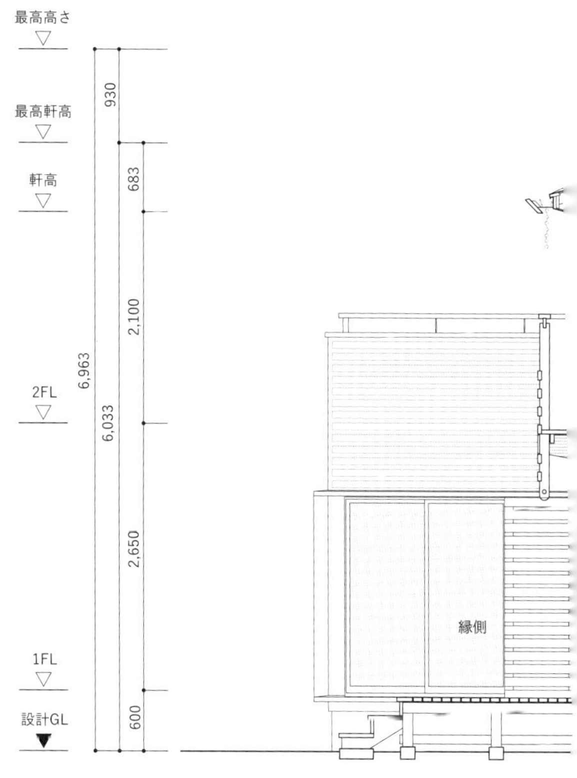

 断面図　S＝1／75

クの字に配置された縁側を庭から見る。

クの字の開口部は1・2階共通。冬の陽差しを室内に採り込む仕掛け。

玄関側立面。道路面は視線の引きも十分確保し、まちに対して窮屈な印象を与えないように配慮している。

コラム

縁側間取り

まちなかであるほどに「縁側」の必要性を感じている。かつて「道が庭」の縁側は当たり前の設えだった。だが、経済が豊かになるにつれ、縁側は不要の長物として真っ先に間取りから消え去った。いまさらぼやくのはやめよう。ただ、いま一度、家とまちのかかわりづくりに必要不可欠なものとして捉えてみたい。

間取りには「縁側」を採り入れている。縁側は、家事的にも、物干しというなくてはならない機能も果たす。按配いい家づくりには、この縁側こそ、さまざまな関係をつなぐ、文字どおり縁結び装置として、フルに活用すべきと考えている。

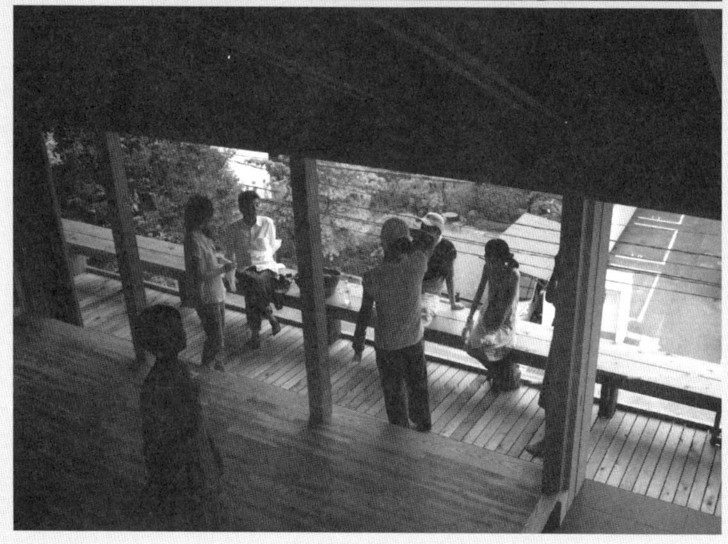

縁側の設え方はさまざま。家とまちのバッファとしての設え、庭先に向けた濡れ縁、さらには風景を愛でる舞台として、自然と社会環境をいい按配につなぐ縁結びの役割を果たす。

防火地域の3層RC造

キナコーン

東京・池袋のど真ん中で、かつ防火地域となれば、さすがに木造では太刀打ちできない。さらに3階建てになることから、瀬野アトリエではめずらしくRC造となることに。戸建て住宅や集合住宅、中高層ビルから超高層ビルまで乱立する都心環境の中での家づくりである。救いはその隙間を縫うように走る都電が、何か雑多なまちを秩序づけているように感じ、それを頼りにエスキスを進めること

＜敷地輪郭を頭に入れながらモデュール検討＞

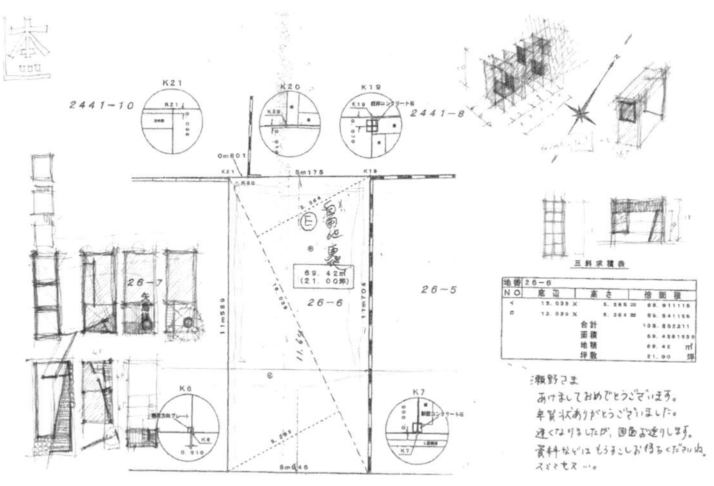

モデュールを検討しているところ。このような敷地では、それによりヴォリュームがほぼ決まってくる。

にした。

計画プログラムは書庫と住まい。サブカル系書籍を中心にネット販売で定評の『きなこ書房』の約1万冊の収蔵スペースを1階に設けながら、2・3階を店主家族の住居空間とした。地べたに庭を確保できない分、2階はリビングとデッキテラス（縁側）を一体化しながら庭機能を確保しようと奮闘した。フレームワークは極力シンプルになるよう心がけ、木造と何ら変わらない自然の摂理に逆らわない断面づくりをめざした。

＜外部を家の中に採り込む検討＞

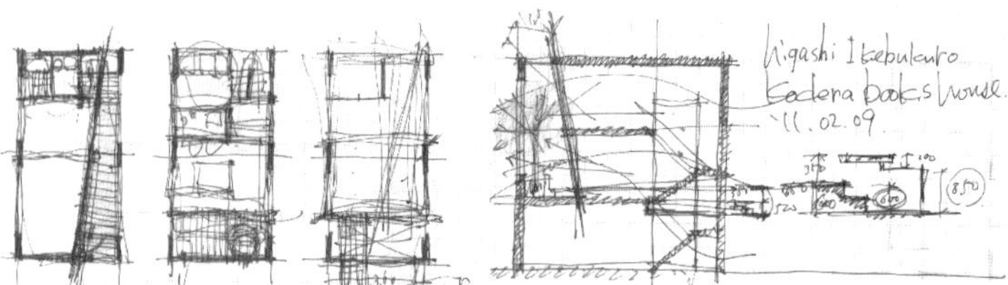

都心部の密集地のため、外部とのつながりが難しく、早くから断面と立面も合わせて考えていた。

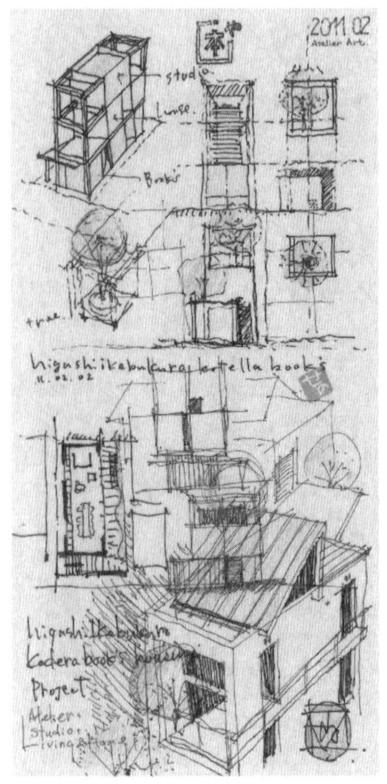

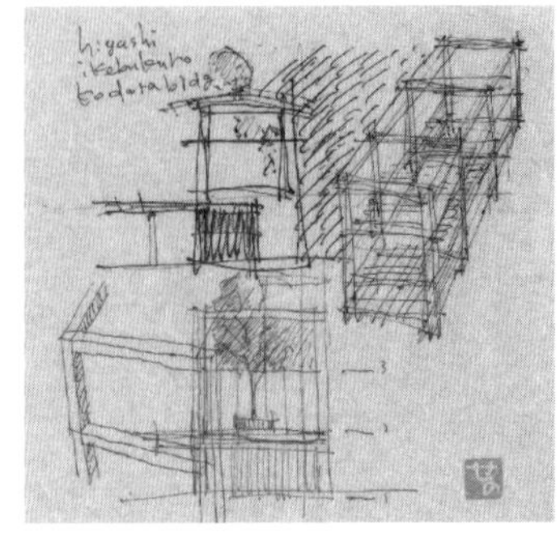

ふと思ったことも、場所と用紙を選ばず、記録を繰り返す。

＜ゾーニング検討の詰め＞

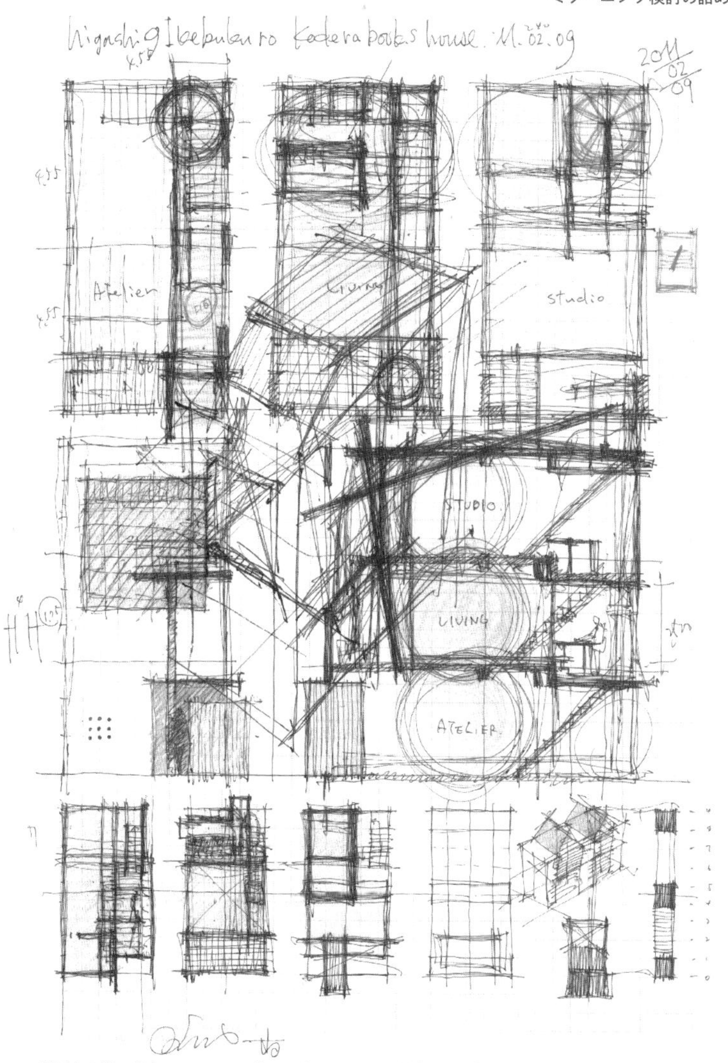

書房を１階に据えつつ、２·３階の居住スペースは機能別のゾーニング検討が欠かせない。壁に大きな開口部を設け、家とまちのつながりを表現しようと考えはじめる。まちとのかかわりをどう家の中に採り入れるかを念頭に置いた断面づくり。平面と格闘を繰り返す。

＜上下階の関係性＞

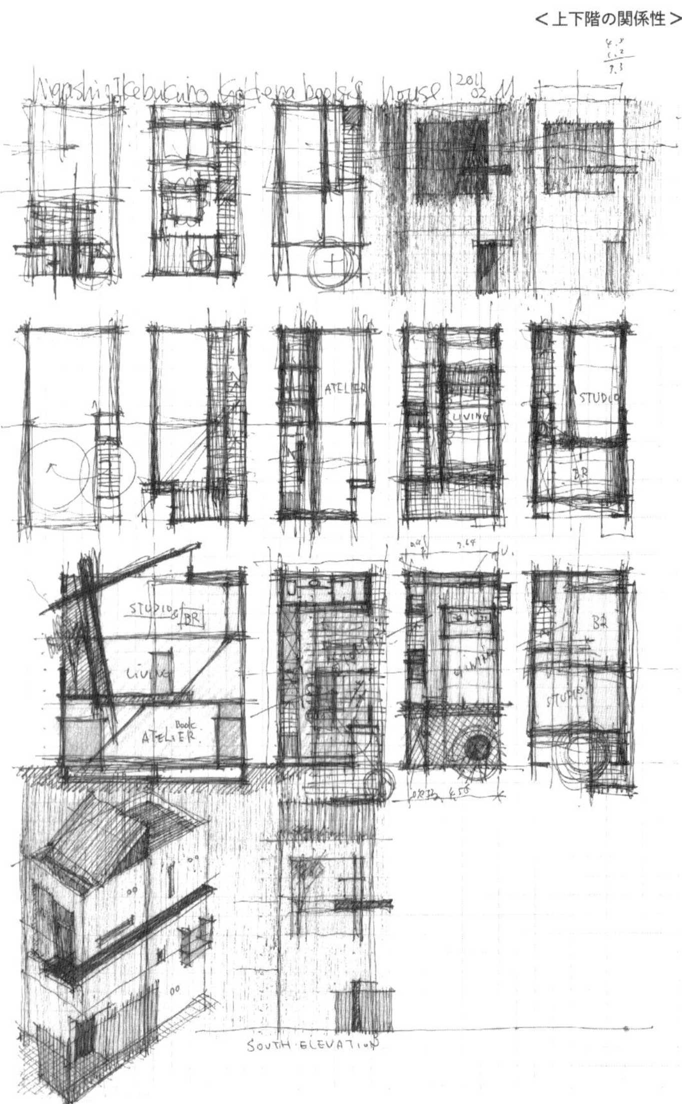

2階にリビング、3階に居室その他の配置は決まるものの、断面、とりわけ階段との関係性を模索しながらエスキスの手は休めない。

＜壁に空けられた大きな開口部＞

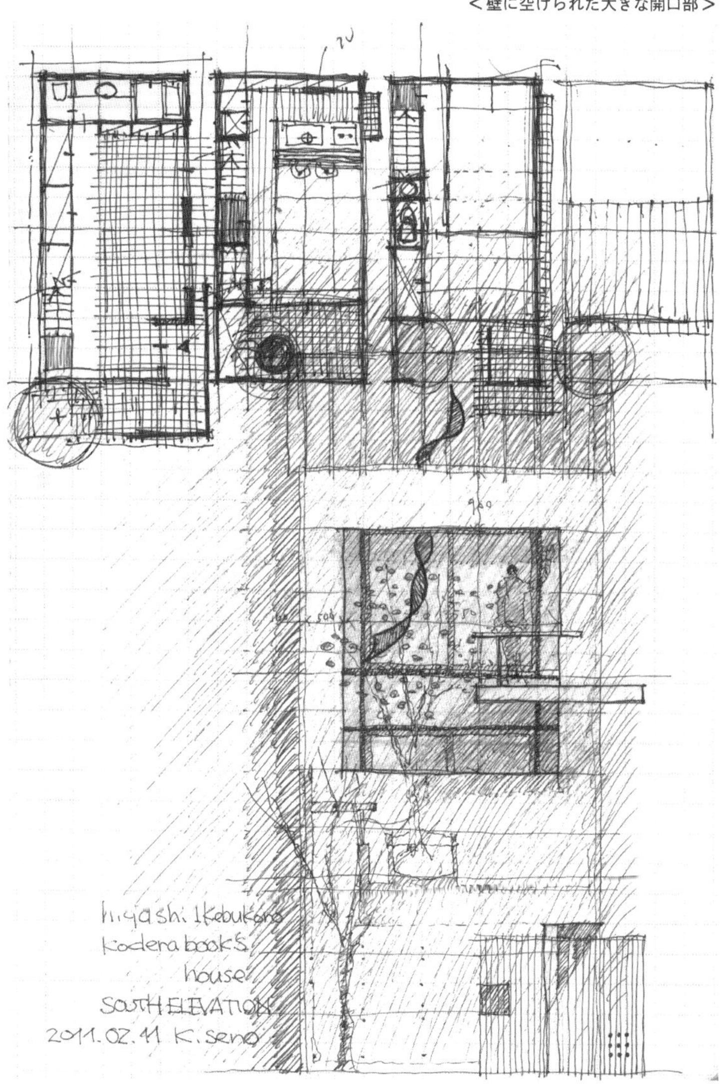

立断面と間取りが調和してくるにつれ、壁に空けられた開口部がこの住宅の大きな拠り所となりはじめる。開口壁はまちの風景を切り取りながら室内からのピクチャとして楽しめるように。

＜プレゼン用の最終平断エスキス＞

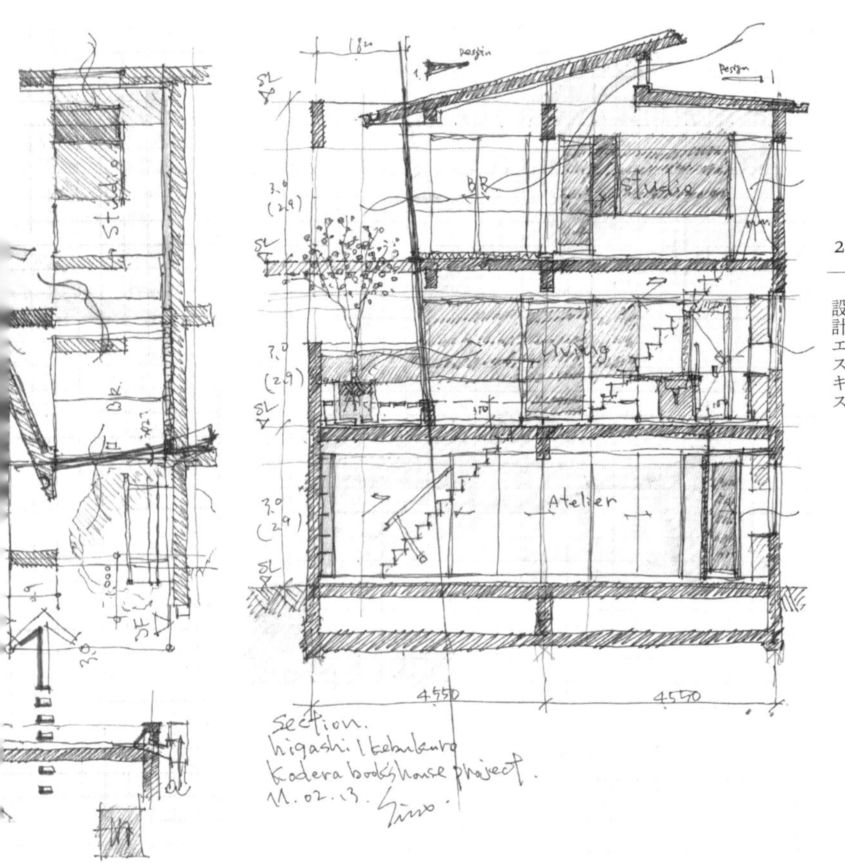

プレゼンワークのための最終プランと断面エスキス。床座敷型リビング（坐風）を小上り式にすることで、縁側とフラットにつながるように。また採光と風の流れも図示されている。傾斜屋根は換気と3kW/h分のPV（太陽光パネル）を載せることから勾配が決められている。

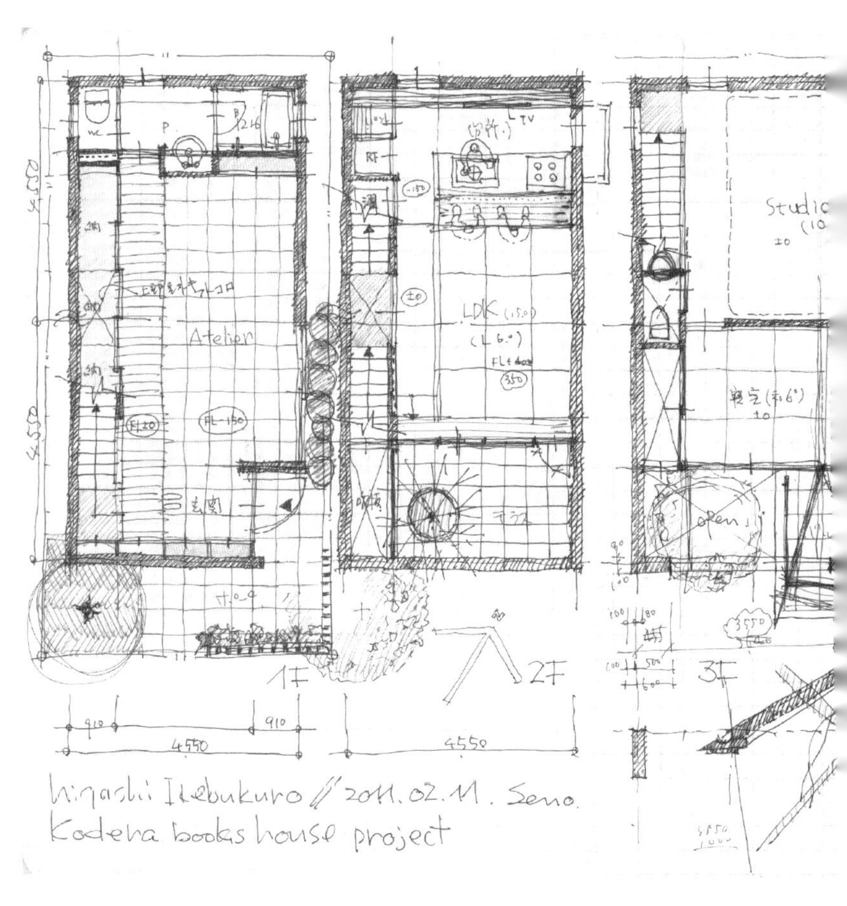

各階プランはアトリエ（書房）、LDK（くつろぎ）、スタジオ（寝室と書斎）のゾーニングで構成。どこにいても落ち着きあるプランをめざした。

2階平面図

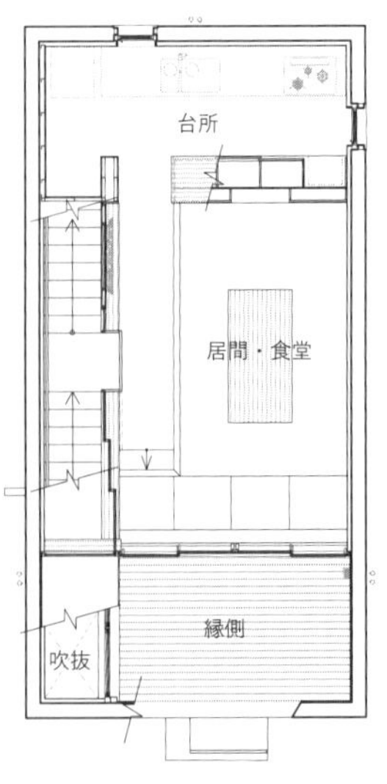

3階平面図

S＝1／150

1階平面図

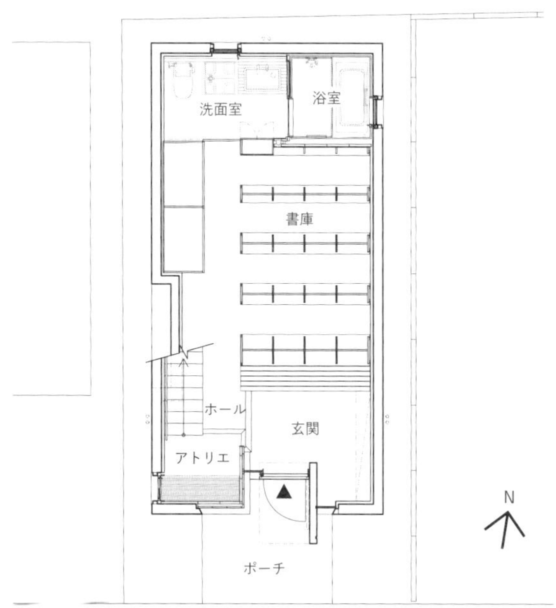

前面道路

キナコーン

所 在 地 ／ 東京都豊島区
主要用途 ／ 一戸建ての住宅
構　　造 ／ RC造　壁式構造
敷地面積 ／ 69.42㎡（21.00坪）
建築面積 ／ 41.06㎡（12.42坪）
延床面積 ／ 108.03㎡（32.67坪）
設計監理 ／ 瀬野和広+設計アトリエ
構造設計 ／ 長坂設計工舎　長坂健太郎
施　　工 ／ 長野工務店

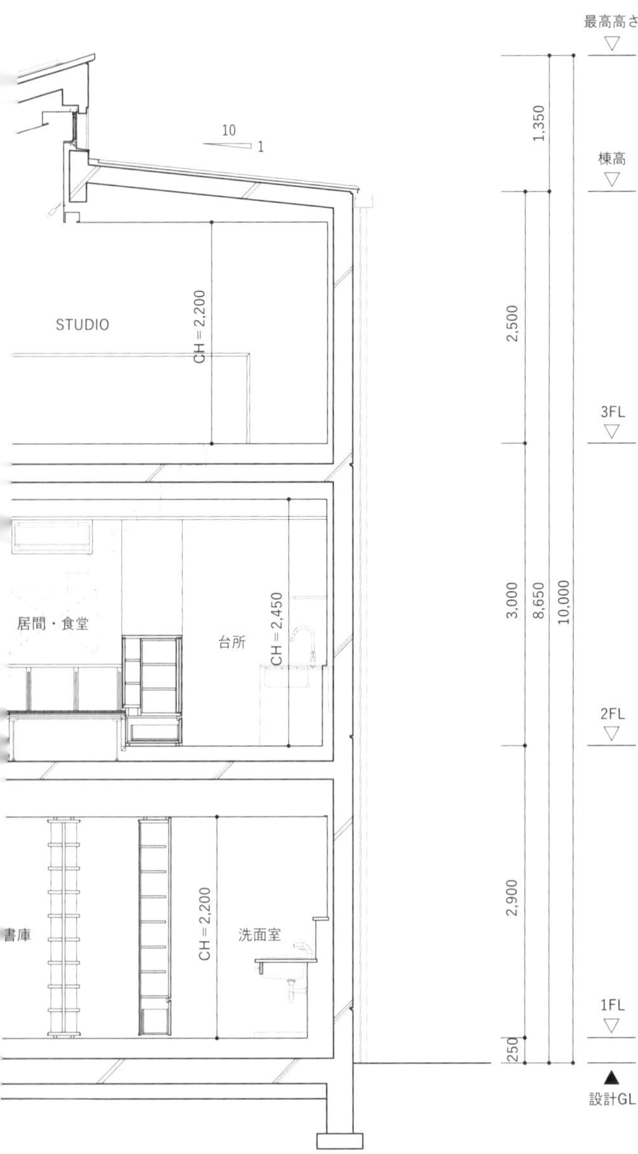
最高高さ
1,350
棟高
10
1
STUDIO
CH＝2,200
2,500
3FL
居間・食堂
台所
CH＝2,450
3,000
8,650
10,000
2FL
書庫
CH＝2,200
洗面室
2,900
1FL
250
設計GL

断面図　S＝1／75

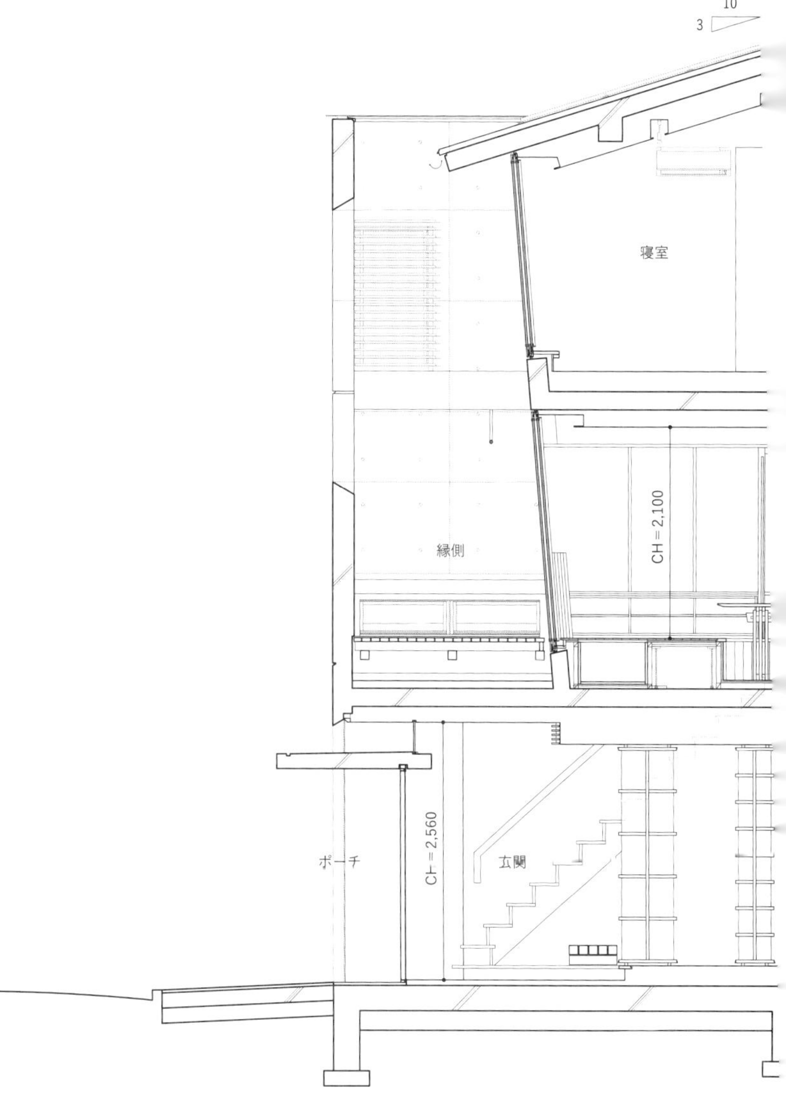
10
3
寝室
CH = 2,100
縁側
ポーチ
CH = 2,560
玄関

小さな建築ヴォリュームに大きな開口部を空けることで、周辺の雑然としたまちなみを引き締めたいと思った。

開口部付きの壁がバッファとなり、まちをフレーミングしながらの風景が楽しめる。

リビング(2 階)。縁側までフラットにつながる開放感。

まちを切り取る大開口部見上げ。番猫がまちを見張る。

小さいながら玄関土間は接客スペースも兼ねる設え。

1階からの階段見上げ。3階まで直線階段が伸びる。右側書架群は「きなこ書房」のオープン書庫。

2 — 設計エスキス

旗竿敷地の都市住居

まちまどり

整形敷地にものさしを当てると、3×5間が平面許容となる。2階建てで延べ面積30坪は、都市住居にあって決して小さい部類ではない。ただし、四方建物に囲われた旗竿敷地とあっては、その隙間を開口狙いで行くしかなさそうだと考えた。どのコーナーにも採光がほしいが簡単ではない。完成写真の全景（70頁参照）はその後すぐにできた隣家により、悲しいかな、幻の真南立面と化した。それでも東

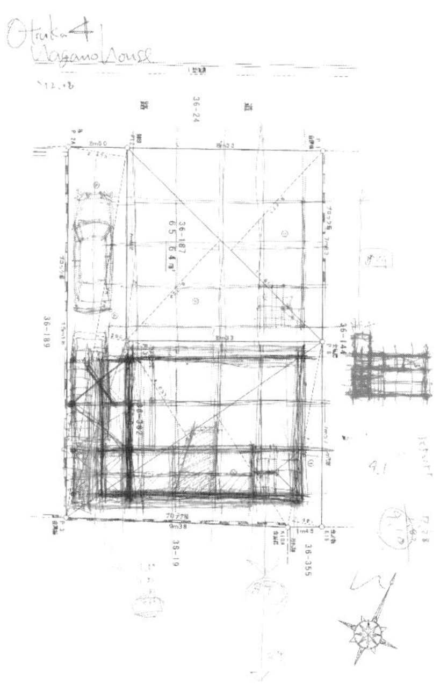

南コーナー開口部からの光と風の抜けがことのほか気持ちよいことが幸いした。

プランにあっては、とにかく周辺の家々にあらぬ迷惑にならない家づくりを心がけている。さまざまな人柄が家柄となり、地域柄をつくり出す。コミュニティ形成の原点は一つ一つの家にあるわけだから、まちの出来事すべてをエネルギーに替えながらこの家づくりに臨まなければならない。敷地の真ん中にぽつんと立ち、そんなことを想いながら手を動かしはじめた。

＜車を敷地奥にしまう案＞

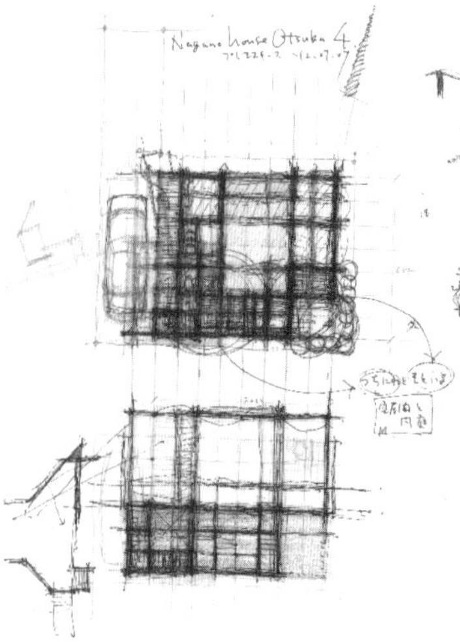

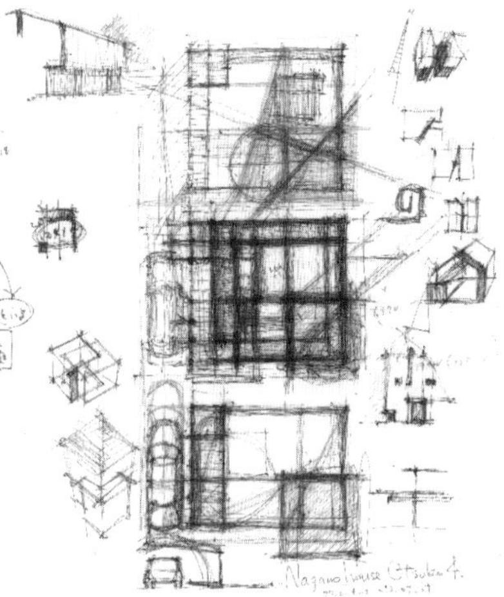

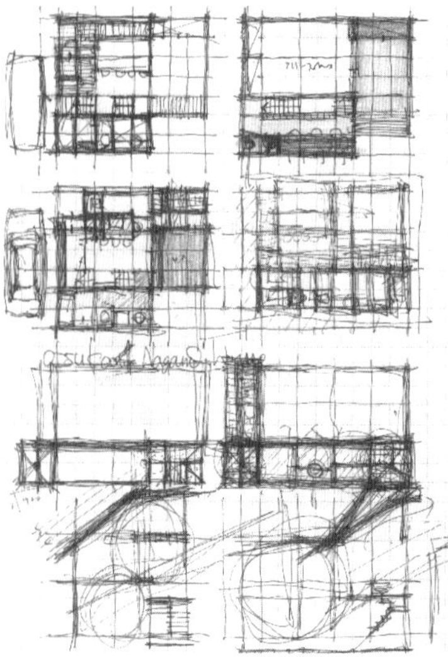

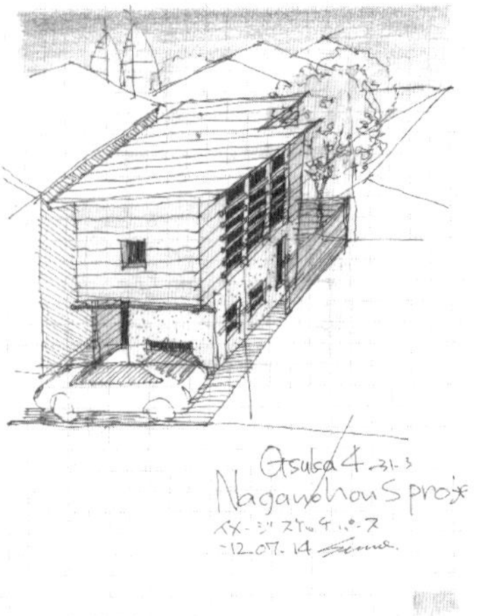

車停めを旗竿部の突き当たりに設けて、アプローチの閉塞感をなくそうと考えた。
3×5 間のモデュールをベースにプランニング開始。

＜スキップフロアで構成＞

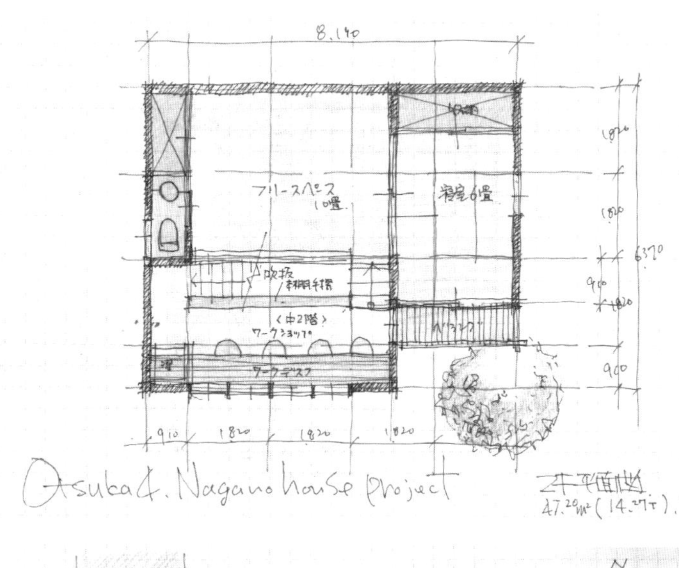

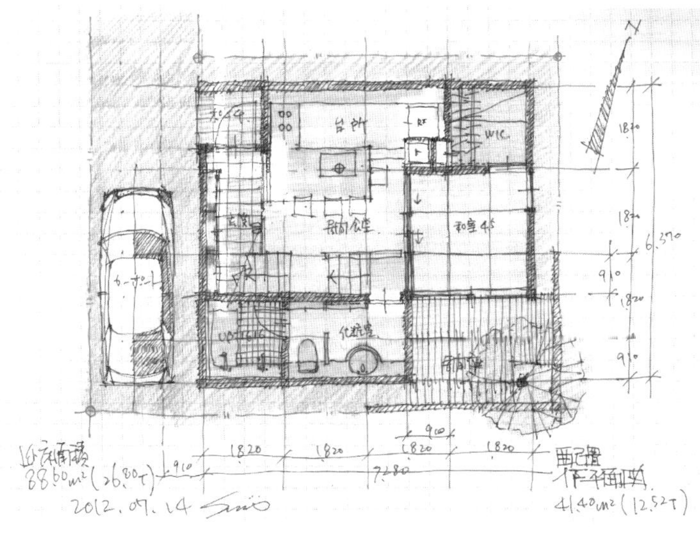

南採光が期待できないなら、あえて南側に高さを抑えられる水回りをもっていき、その上を中2階としながらのスキップフロア構成の案ができる。

＜採光の問題＞

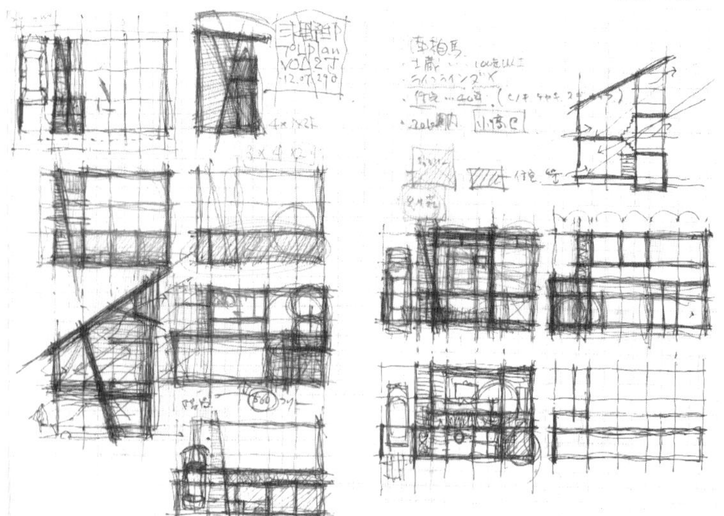

しかし２階からの南面採光の限界と、１階リビングの閉塞感にも疑問が生じ、まだまだ考え直さねばと手を動かすことに。

＜旗竿駐車をよしとして、素直にヴォリュームを＞

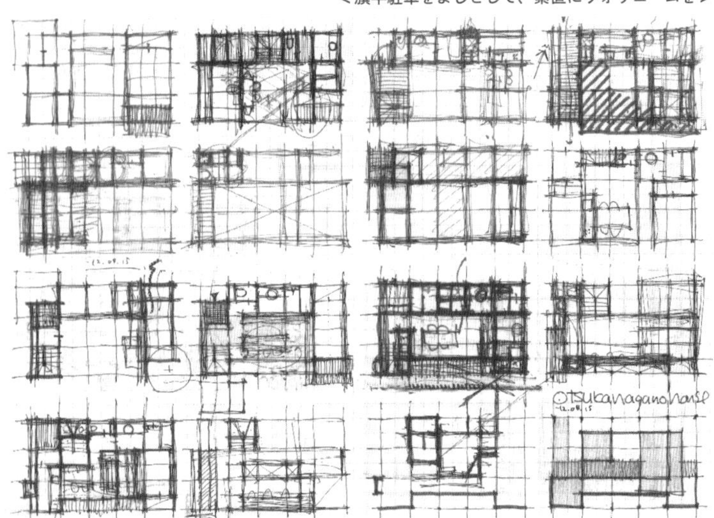

車を奥に入れなくても、「窮屈を少し我慢すれば旗竿駐車でもいいのでは」と思い直して方向性を再検討。間取りに少しゆとりが出たところで、再度プランニング。

<ようやくできた1案目（しかし…）>

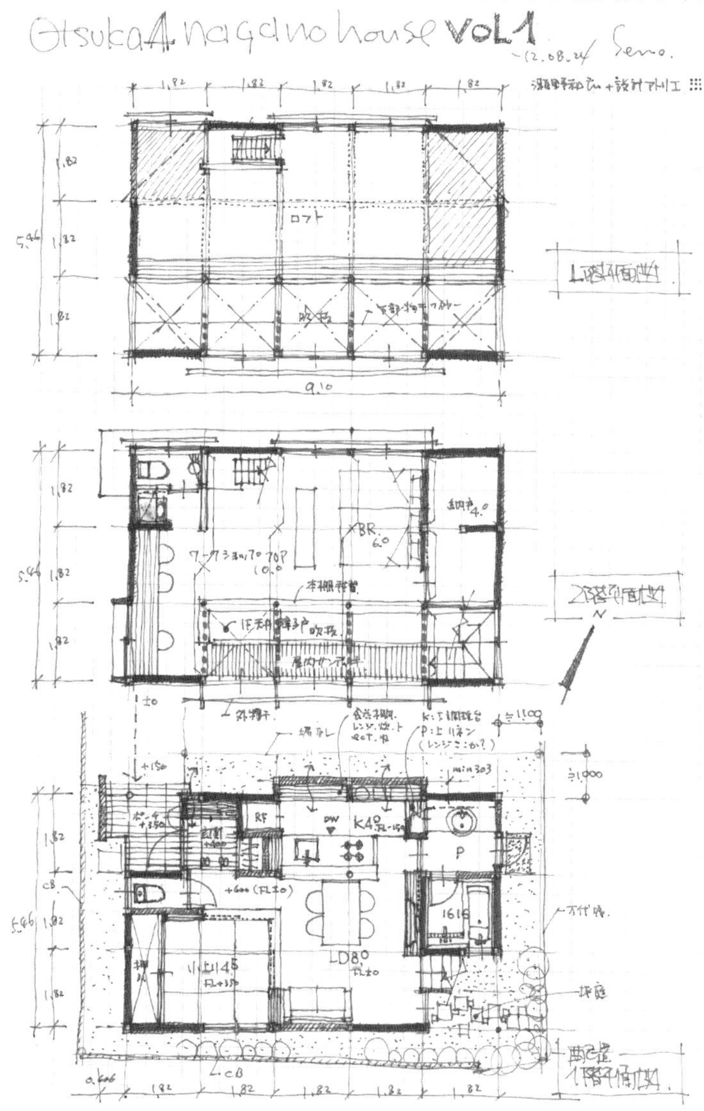

施主向けの1stプレゼン。そして施主指摘に唖然。ここまでプランニングを進める中に南隣家の影で、南面採光は無理であることを忘れるイージーミスで案を嘆く。リカバリーのためのエスキスはまだまだ続くことに。

＜2案目に移行＞

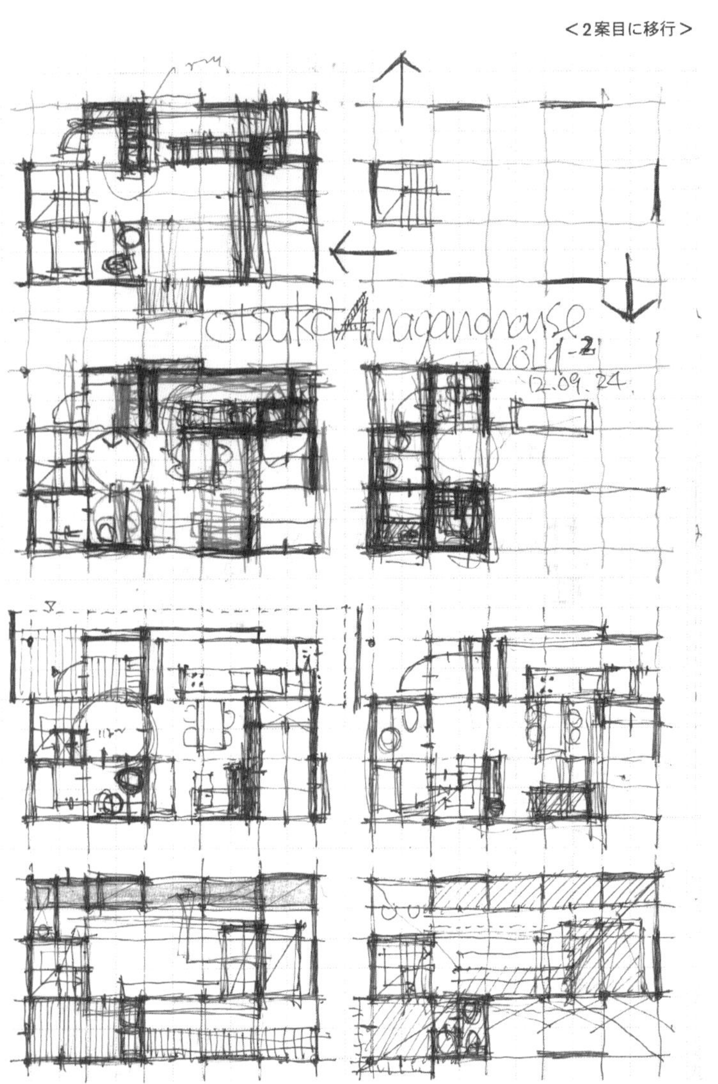

スケッチブックはオンスケールで検討を繰り返す。1グリッド910×910で、1,820×1,820モデュールラインを最初にフリーハンドで引くことからはじめる。

＜寄棟屋根＋ハイサイドライト（最終形）＞

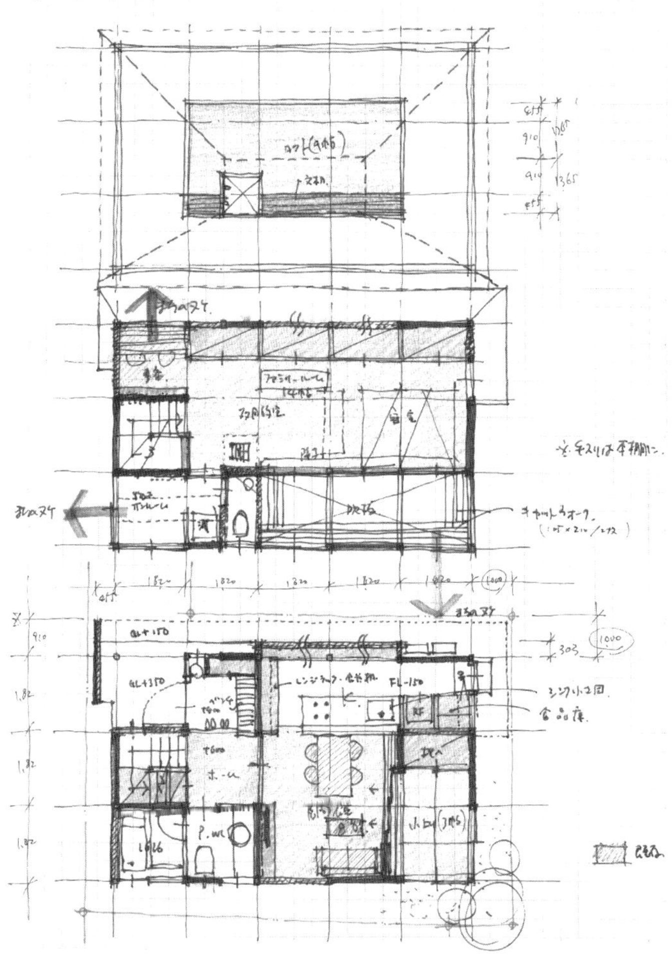

屋根形状も片流れ屋根から「寄棟屋根」に変更し、ハイサイドライトで採光と換気機能を有効にした2案目。屋根形状も斜線制限いっぱいに急勾配としながら容積も最大限確保し、2階から腰屋根までの吹抜けには9帖間のロフトを浮かべるゆとりも生まれた。施主承認のほぼ最終エスキス。

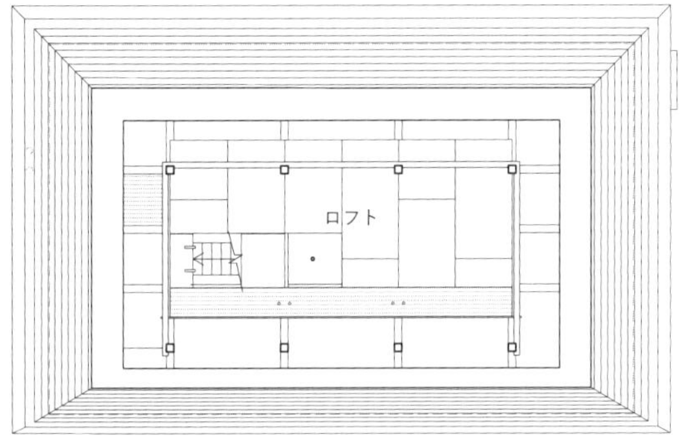

ロフト階平面図

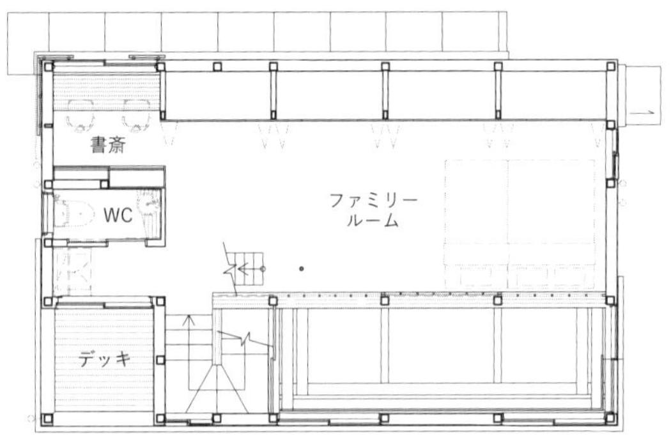

2階平面図

S=1／150

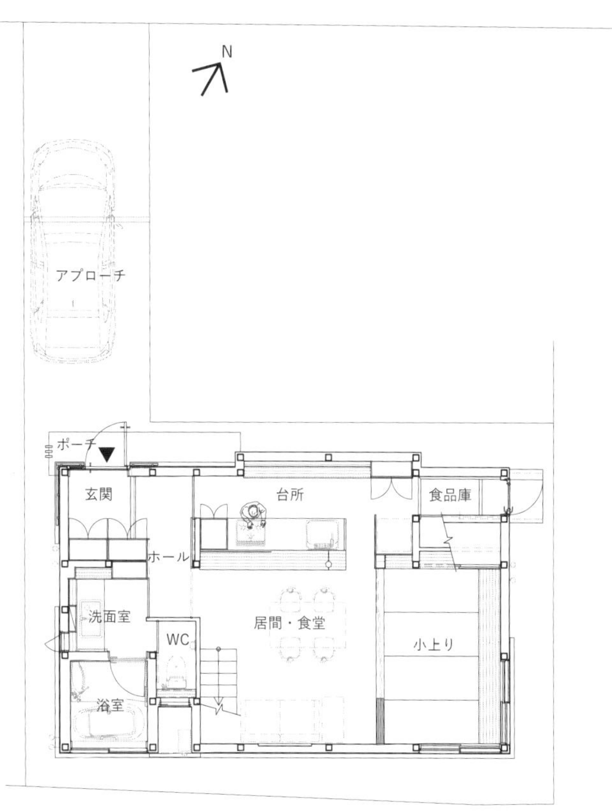

まちまどり

1階平面図

所 在 地 ／ 東京都文京区大塚
主要用途 ／ 一戸建ての住宅
構　　造 ／ 木造軸組構法
敷地面積 ／ 99.76㎡（30.17坪）
建築面積 ／ 51.34㎡（15.53坪）
延床面積 ／ 85.28㎡（25.79坪）
設計監理 ／ 瀬野和広+設計アトリエ
施　　工 ／ 内田産業

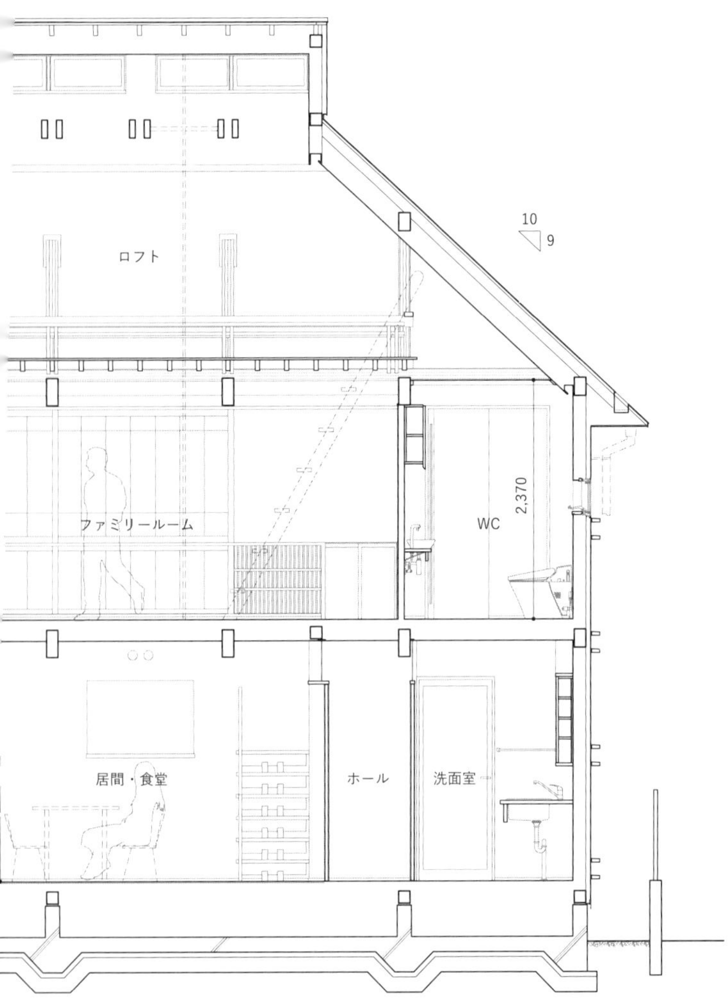
10
9
ロフト
ファミリールーム
WC
2,370
居間・食堂
ホール
洗面室

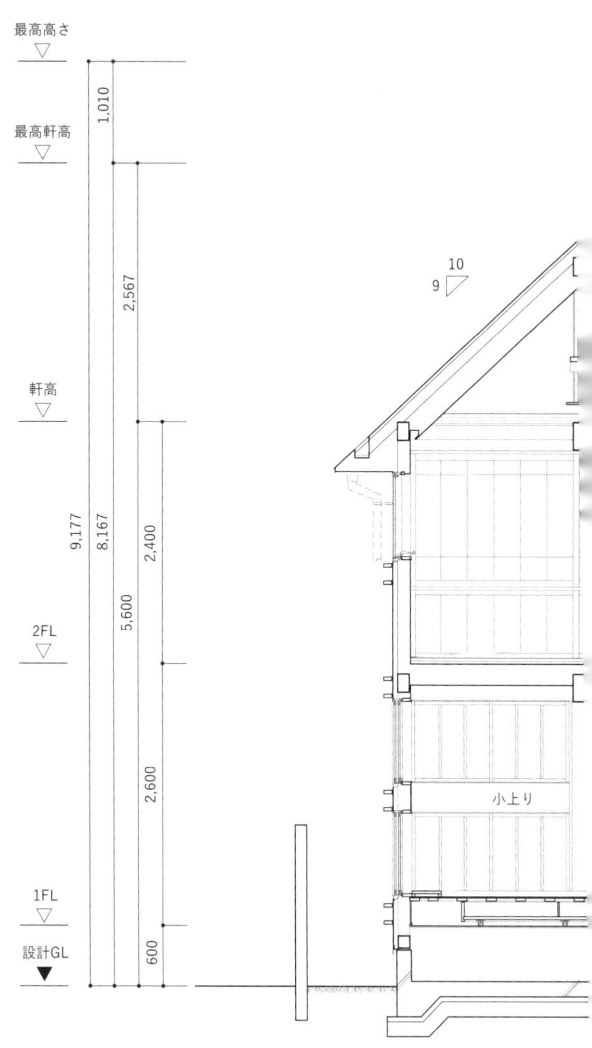
最高高さ
最高軒高
軒高
2FL
1FL
設計GL
1,010
2,567
9,177
8,167
5,600
2,400
2,600
600
10
9
小上り

断面図　S=1／75

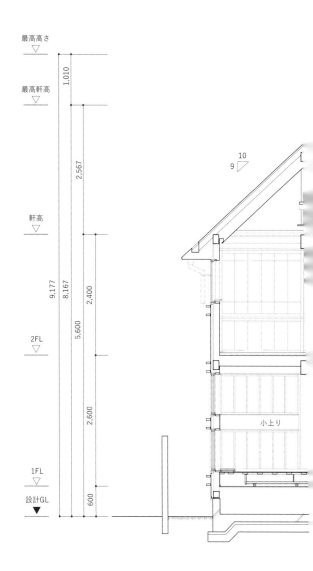

南側の前面宅地は竣工後すぐさまアパートが建ち、いまや「まぼろし」と化した立面。

過密な都市（まち）を俯瞰。

吹抜けによりロフトまで一室空間とし、小さくてもヴォリューム感あふれる住宅となった。

3度の計画地変更をしのぐ

davo-pagouse

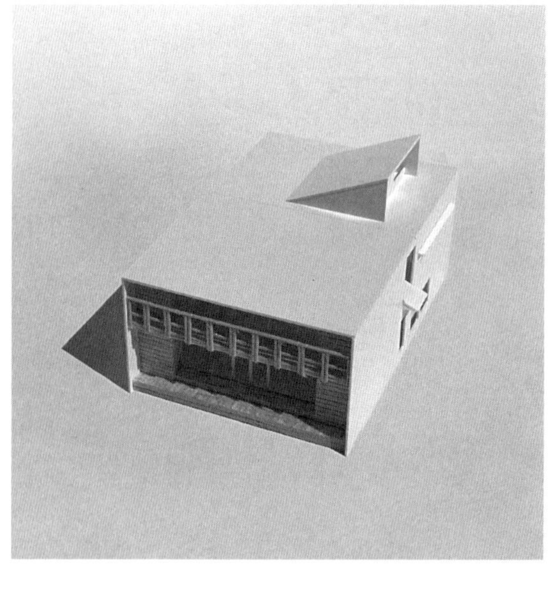

計画地が二転三転した、郷里山形での計画。その都度、頭を切り替えたつもりだが、クライアントは変わらないわけだから、コンセプトも大きくは変わらない。施主は地元で歯科クリニックを営む方で、同郷の縁だった。雪国の家づくりは屋根が大事。とくにまちなかの家づくりにおいて、無落雪屋根を成立させるための「骨格づくり」が課題となる。

3度変わった末の最終敷地は、

＜敷地その1：ヴォリュームスタディをはじめる＞

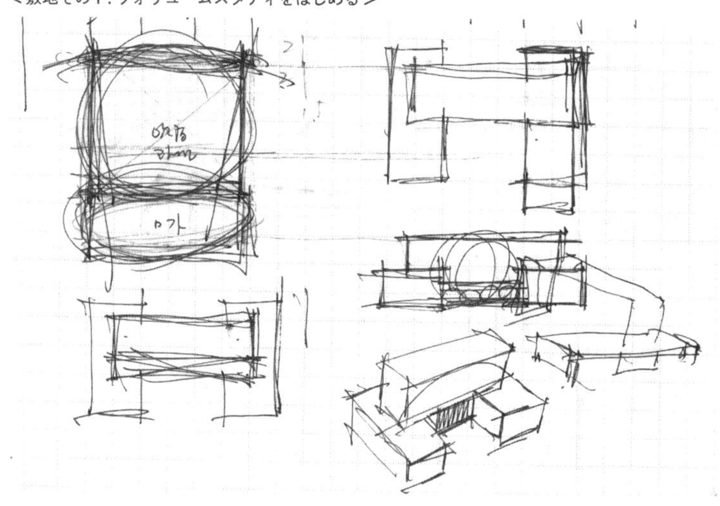

最初の敷地は住宅街の整形地で東側道路という条件。1間四方グリッドモデュールを設定しながらエスキス開始。

南に土手、その下に清流が流れるせせらぎがあり、対岸にはこの上ない桜並木があり、素晴らしい借景となることが見込まれた。こうなれば、俄然エスキスに力が入る。

＜敷地その1：フラット屋根案＞

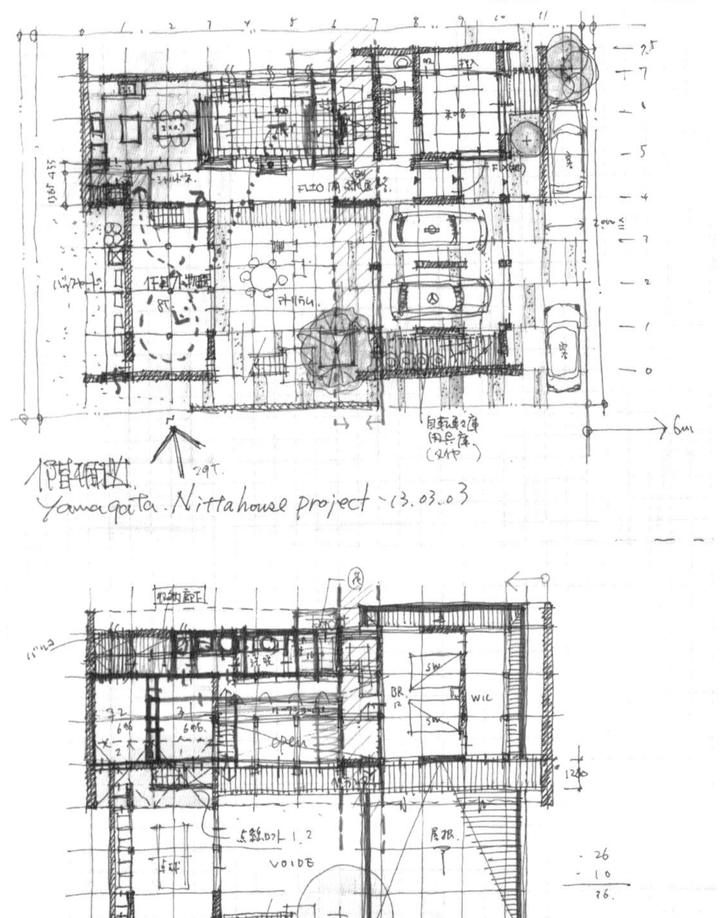

ヴォリュームイメージに沿いながら、プランも早々にピタッと決まり、吹抜けのアトリウムを囲うように平屋部と2階建て部の関係もうまくいく。

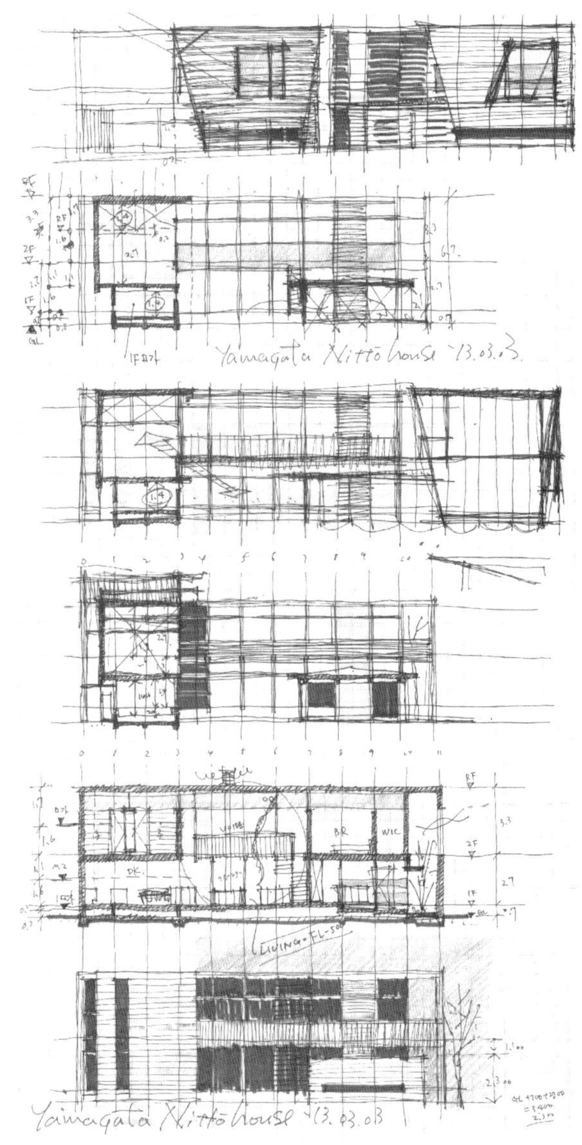

断面と立面も架構がきれいにまとまり、うまくいく。無落雪のフラット屋根を採用。無落雪屋根にすることで、周囲を含め、雪害に悩むことはないはず。中庭の除雪は手押しスノーダンプでガレージ前後のシャッターを開放しながら、東道路側へ運び出す計画。

＜敷地その2：フラット屋根と中庭の踏襲案＞

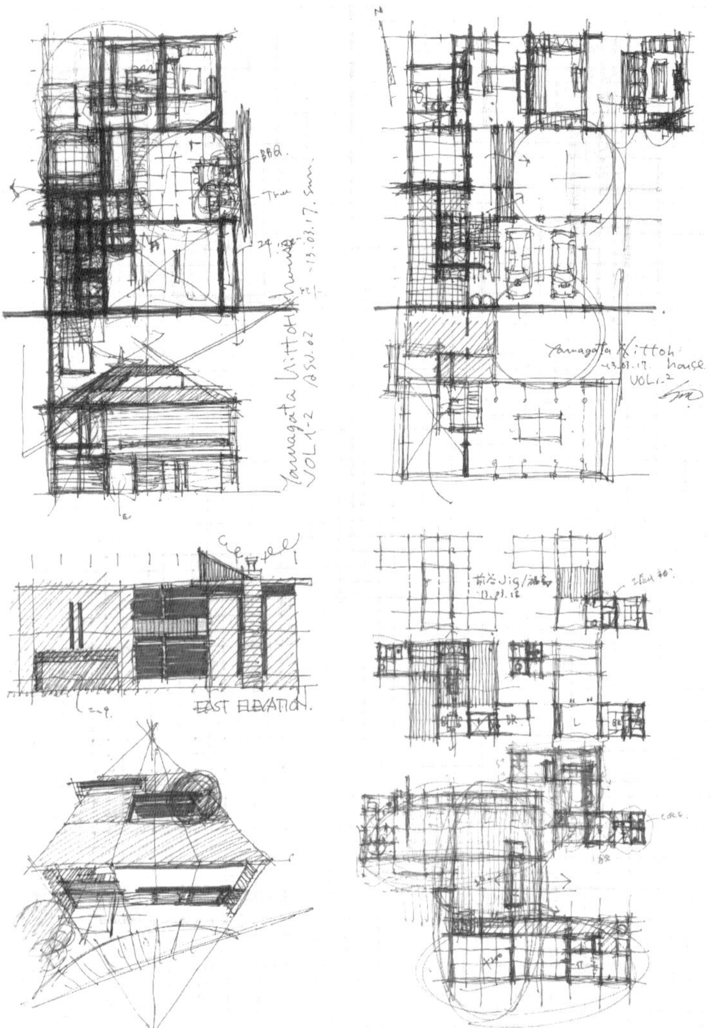

その後、敷地が変更になる。残念がる暇もなく、ともあれ現地調査へ。1案目同様、間口にゆとりがないため、無落雪フラット屋根は引き継がれた。いま見るとプランも1案目がベースになっているのがわかる。

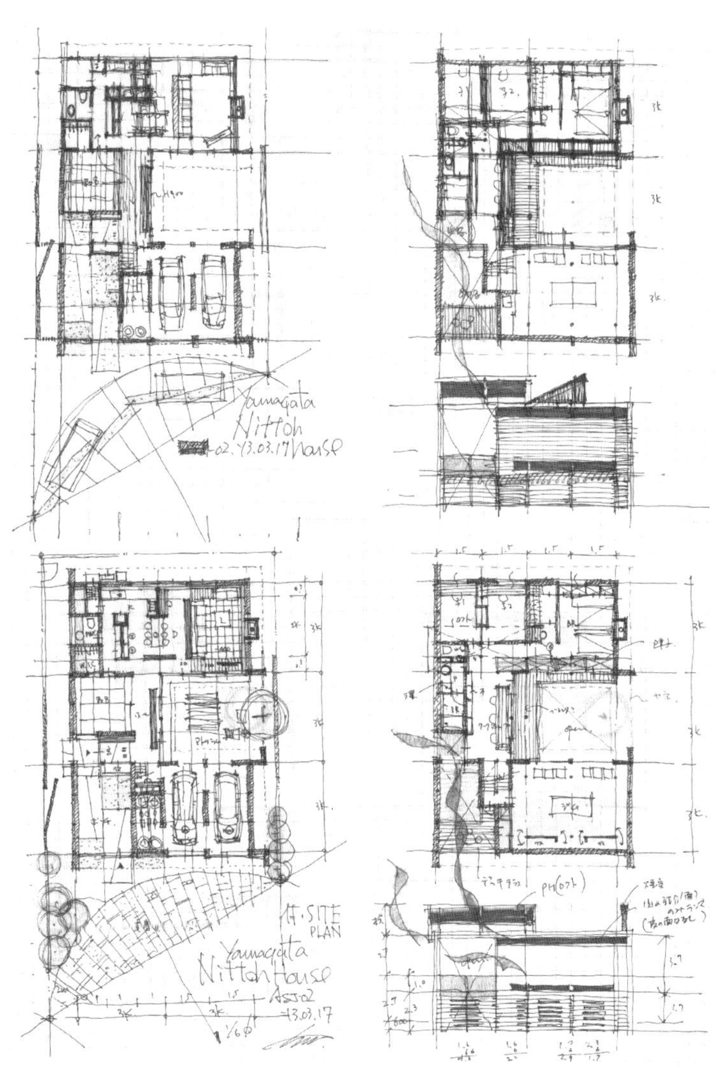

2案目は台形敷地。道路も南に変わり、南面開放に少し躊躇するも中庭も踏襲することに。敷地は変わっても家族の暮らし方が変わるわけではないので間取り構成も１案目から引き継がれる。しかし、２度あることは３度ある!? 不安がないわけではないけど、ともあれプレゼンに。

<敷地その3：景観がよく、間口の向きが定まる>

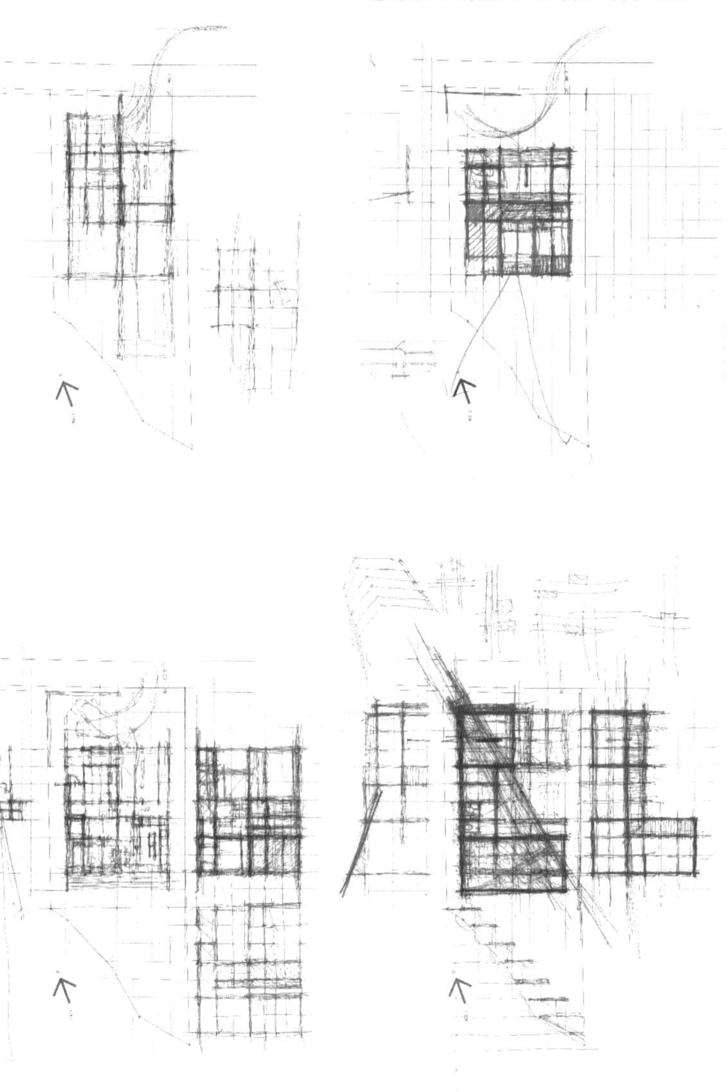

2案目の案が固まった後、なんと、再度敷地変更に。施主の「もう変わりませんから」という言葉どおり、実施案につながる敷地になった。今度は南側に土手をもち、川を挟んだ対岸に桜並木があるとても魅力的な場所。無条件に開口の向きとサイズが決まっていく。

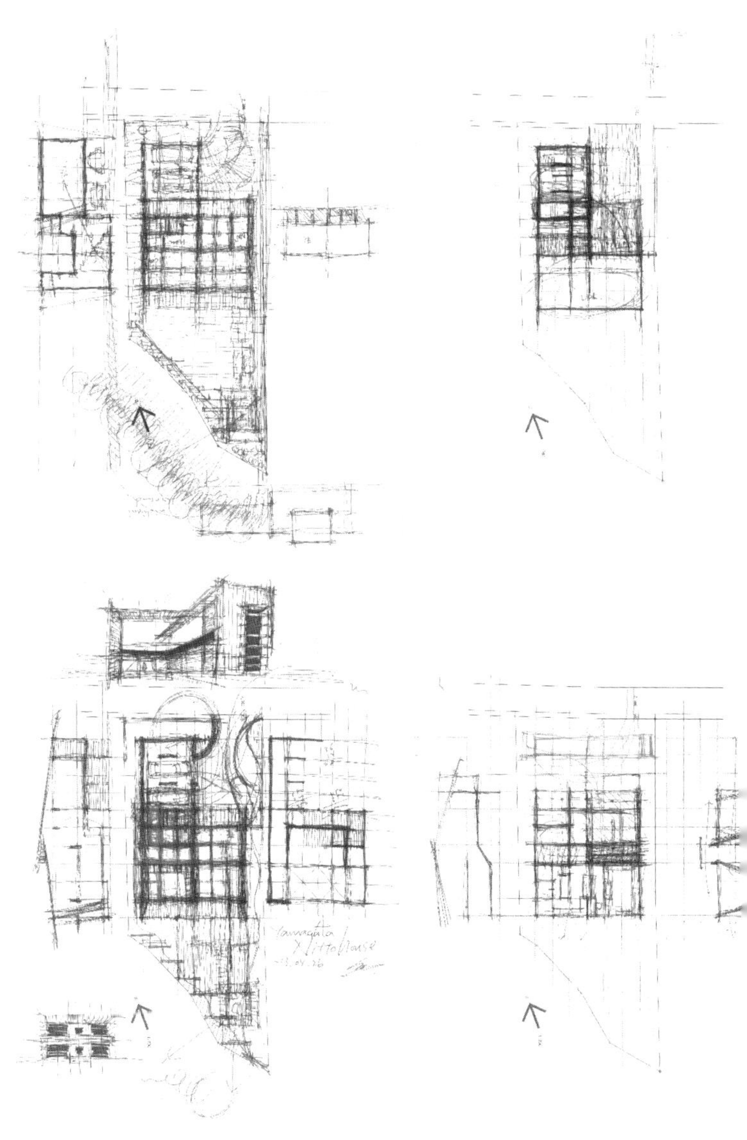

間口なく、東隣地１メートル高く、西隣地１メートル低くという横ひな壇地。雪の処理には少し難がある。

＜敷地その3：屋根形状を検討＞

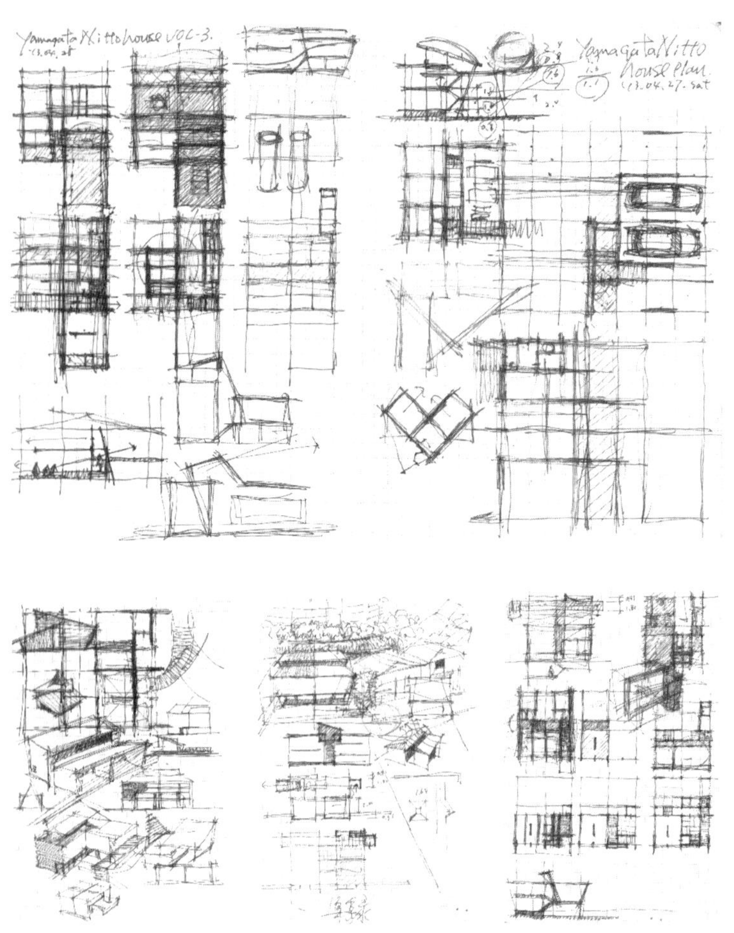

光や風の採り入れ方と雪の暮らしを屋根で解決しようと努めている。屋根形状をあれこれ検討しているものの、しっくりこない。結果、無落雪フラット屋根に落ち着いた。

＜敷地その3：最終案のプラン＞

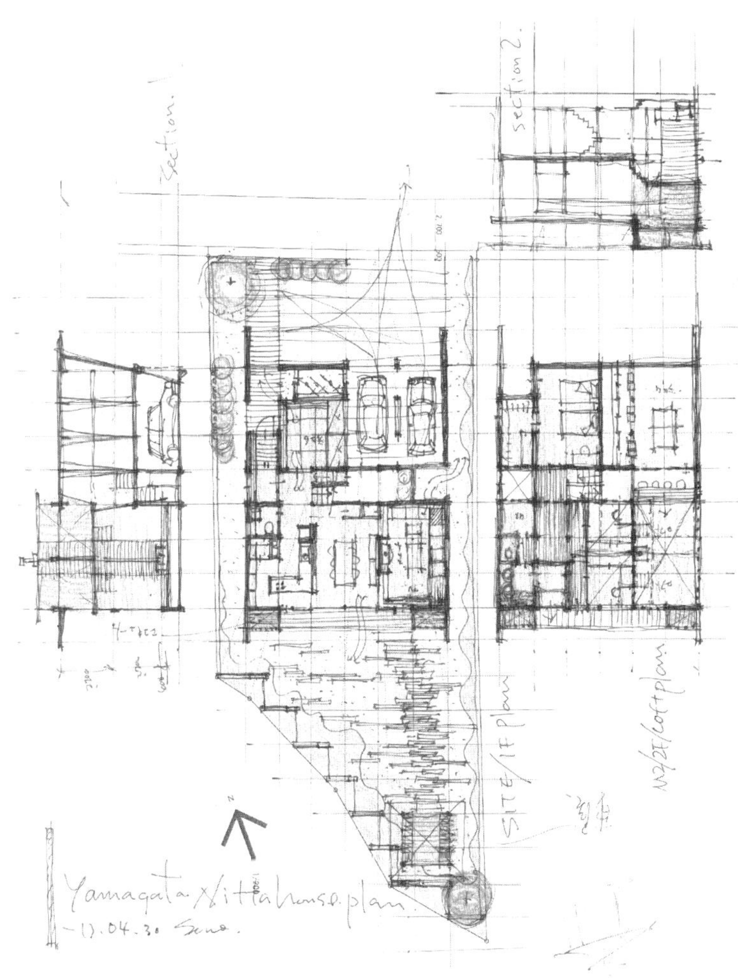

シンプルな配置のエスキスプラン。間取りの凸凹を極力なくし、外観も整える。立地的に南面フル採光と風の抜けはよどみなく、温熱づくりのパッシブ化に寄与することを確信しながら、4案目なしを願いつつ何とか最終プランになりそう……。

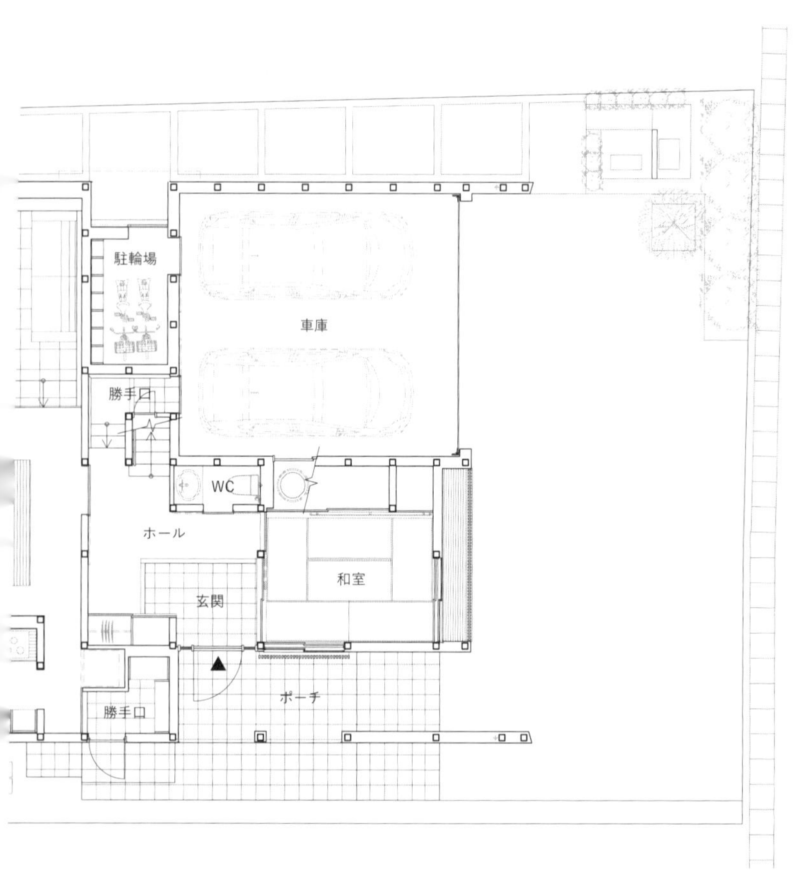
駐輪場
車庫
勝手口
WC
ホール
和室
玄関
ポーチ
勝手口

1階平面図　S=1／150

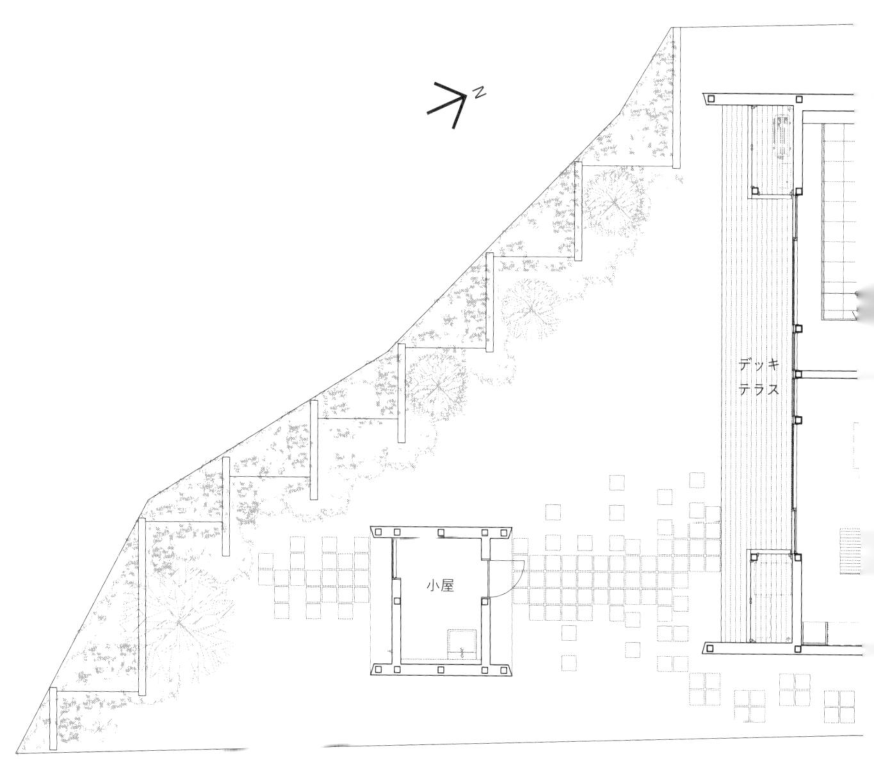
N
デッキ
テラス
小屋

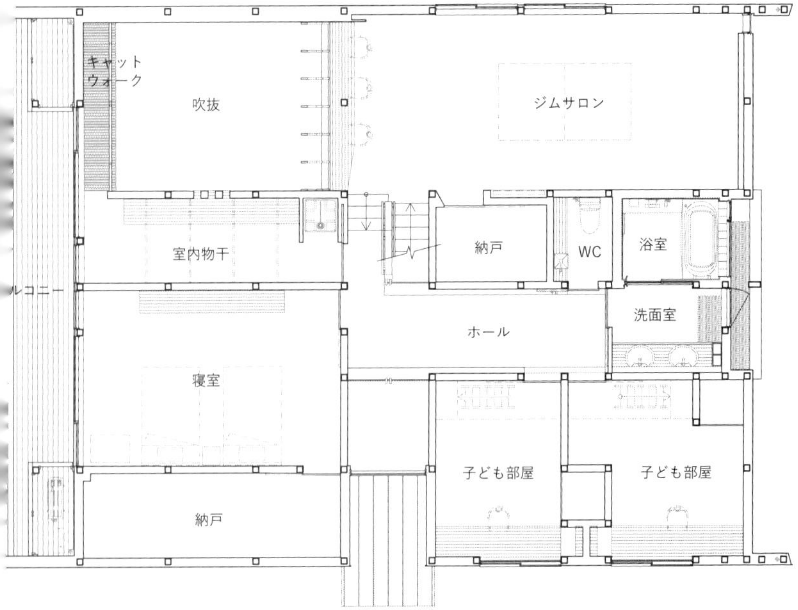

キャット
ウォーク

吹抜

ジムサロン

室内物干

納戸

WC

浴室

ルコニー

洗面室

ホール

寝室

子ども部屋

子ども部屋

納戸

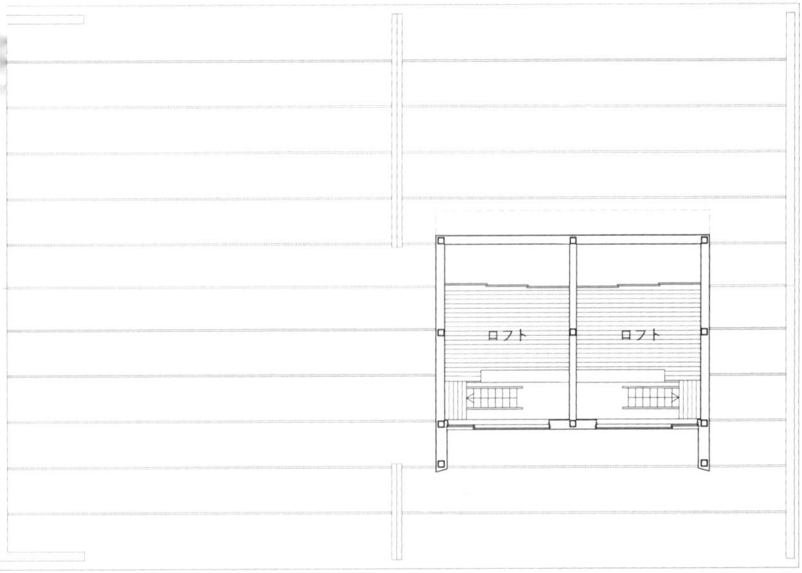

ロフト

ロフト

S=1／150

2階平面図

davo-pagouse

所 在 地 ／ 山形県山形市
主要用途 ／ 一戸建ての住宅
構　　造 ／ 木造軸組構法
敷地面積 ／ 426.90㎡（129.14坪）
建築面積 ／ 186.28㎡（56.34坪）
延床面積 ／ 269.20㎡（81.43坪）
設計監理 ／ 瀬野和広+設計アトリエ
共　　同 ／ 金内勝彦設計工房
施　　工 ／ 升川建設

ロフト階平面図

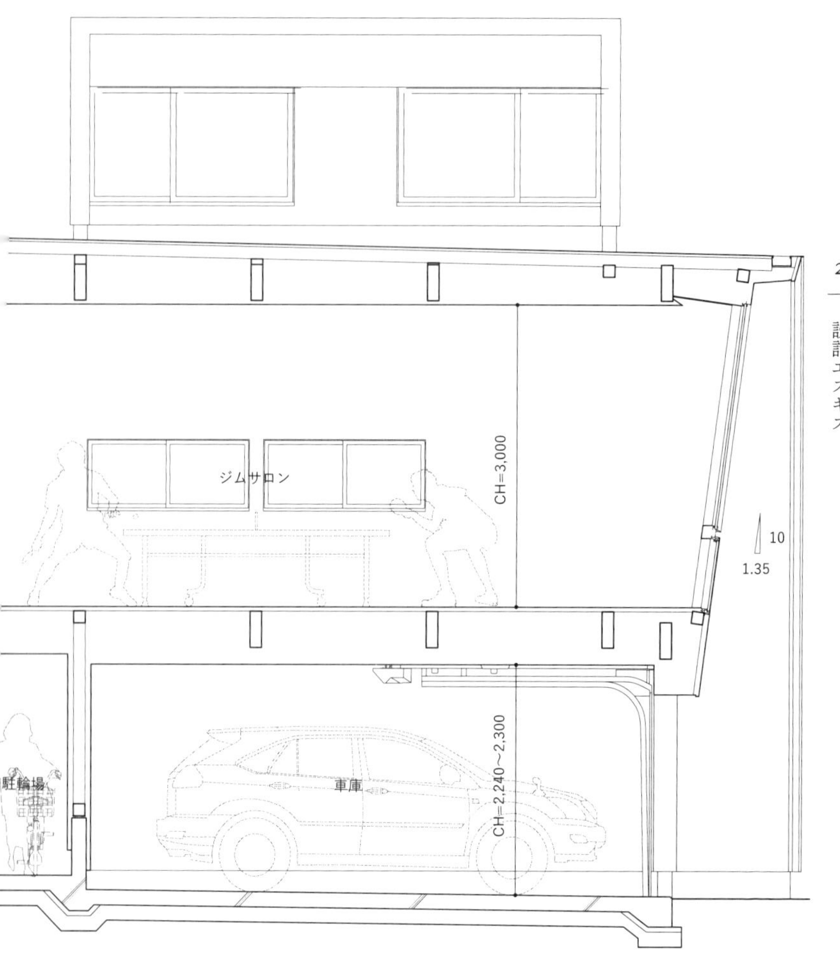
ジムサロン
CH=3,000
10
1.35
駐輪場
車庫
CH=2,240～2,300

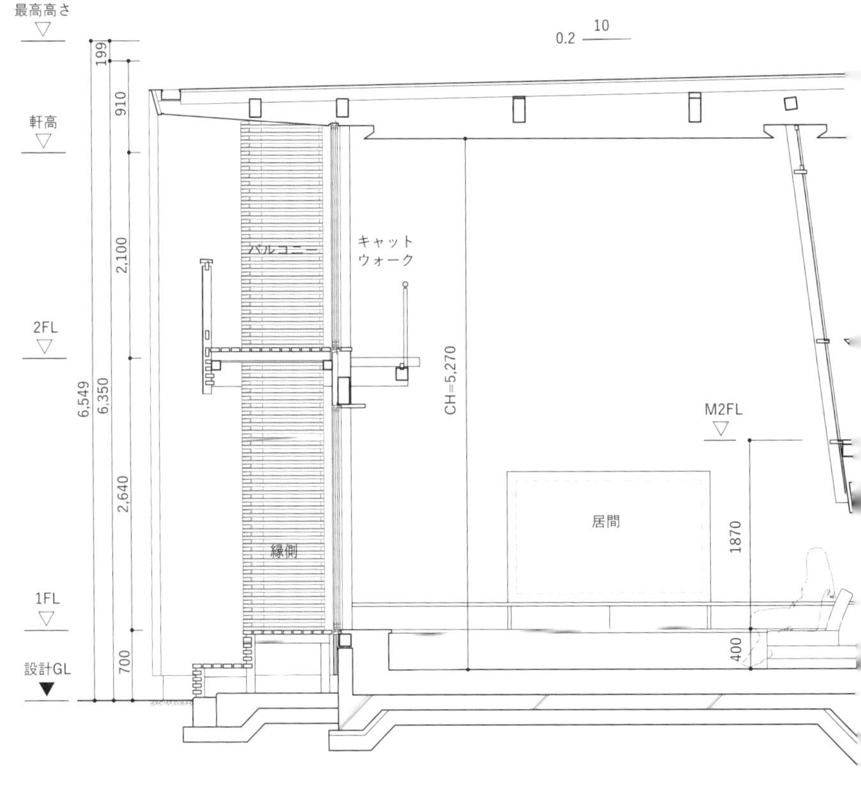
最高高さ
0.2
10
199
910
軒高
2,100
バルコニー
キャット
ウォーク
2FL
6,549
6,350
CH=5,270
M2FL
2,640
居間
1870
縁側
1FL
700
400
設計GL

断面図　S=1／75

© 長岡信

土手沿いに雁行塀をガラスで仕切った。土手の下は清流、対岸の土手には桜並木と申し分ない景観をもつ。

キャットウォークよりリビングを見下ろす。M2階のジムサロンがガラス越しに映る。

ジムサロンではファミリーピンポン大会が繰り広げられる。

オリジナル製作のキッチン回り。

3世代が暮らす雪国の住まい

まほろば里住（りずむ）

「屋根の雪始末をどうするか」。雪国の家づくりはそこからはじまる。これも自然の恵みで、自然の摂理として受け入れる方が合理的と考えている。屋根形状はいうに及ばず、雪が滑り落ちる過程や落ちた先の場所づくりまでが課題。だから家そのものが雪囲いになるように形を整えよう。目下3世代の大家族からの要望は、間取り的拡大傾向にはらむのは仕方がない。そこを無理・無駄のない楽しい住

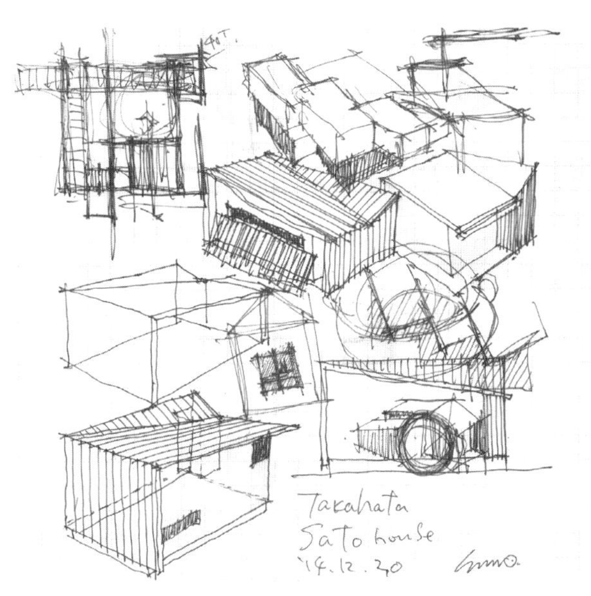

まい方を実現できる間取りにするためのエスキスが延々と続いた。

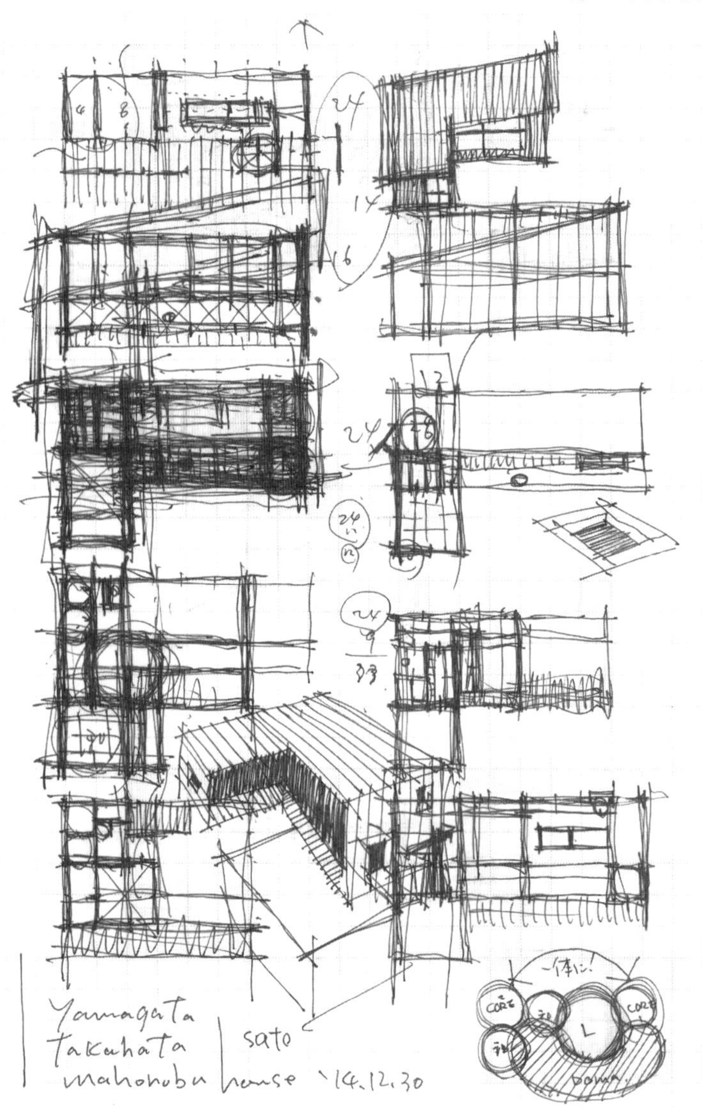

予定規模や間取りのあらましを押さえるため、平面・立面ほぼ同時に描きはじめる。ヴォリューム検討は雪事情をふまえながらの作業となる。

＜西側に勾配屋根＞

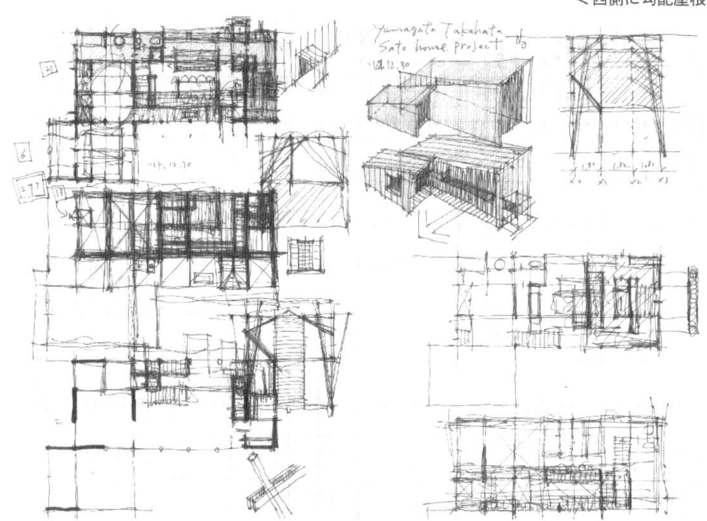

エスキス開始時点から、西側に勾配屋根を架けることをイメージしながらプランニングをはじめる。しばらくは南西に出っぱるプランにこだわりつつも、屋根だけは単純な片流れで納めるようにした。

＜南山に向けて下屋が張り出す案＞

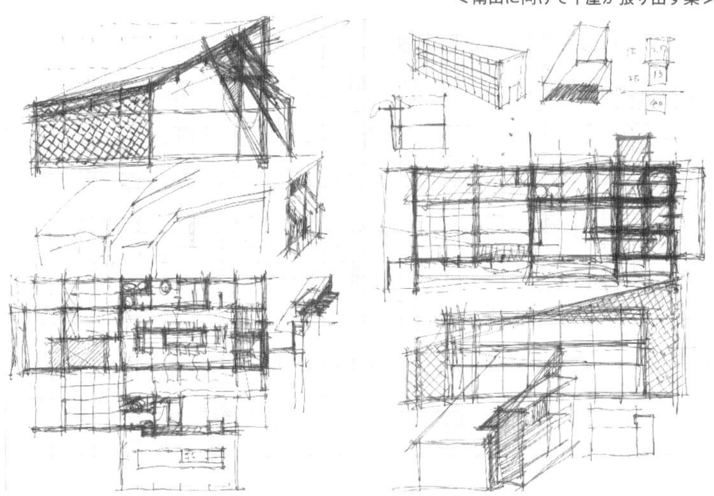

南側は1･2階とも採光面として全面開放したい。南山の景に縁側を下屋に張り出す案も同時にエスキスし、先が見えだす。縁側に沿うように、リビングもキッチン一体型の床座敷を据えることにした。

＜片流れ屋根を再び検討＞

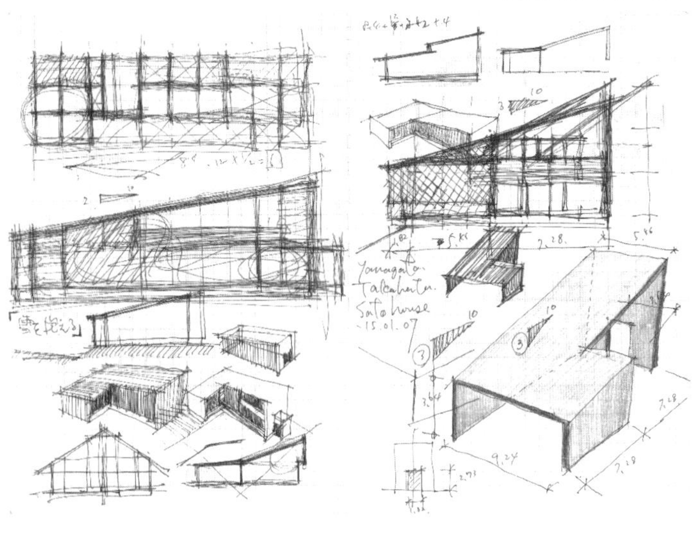

　変形敷地で南隣地には山がそびえる。雪の始末は東西面空地に委ねることとし、雪を春までしっかり抱え込む方法も検討に加えられる。間取りやヴォリューム検討とともに、この場所を読み込みながらの雪の問題を解決するための屋根形状づくりと、それを支える軸組づくりも同時に考える作業が繰り返される。

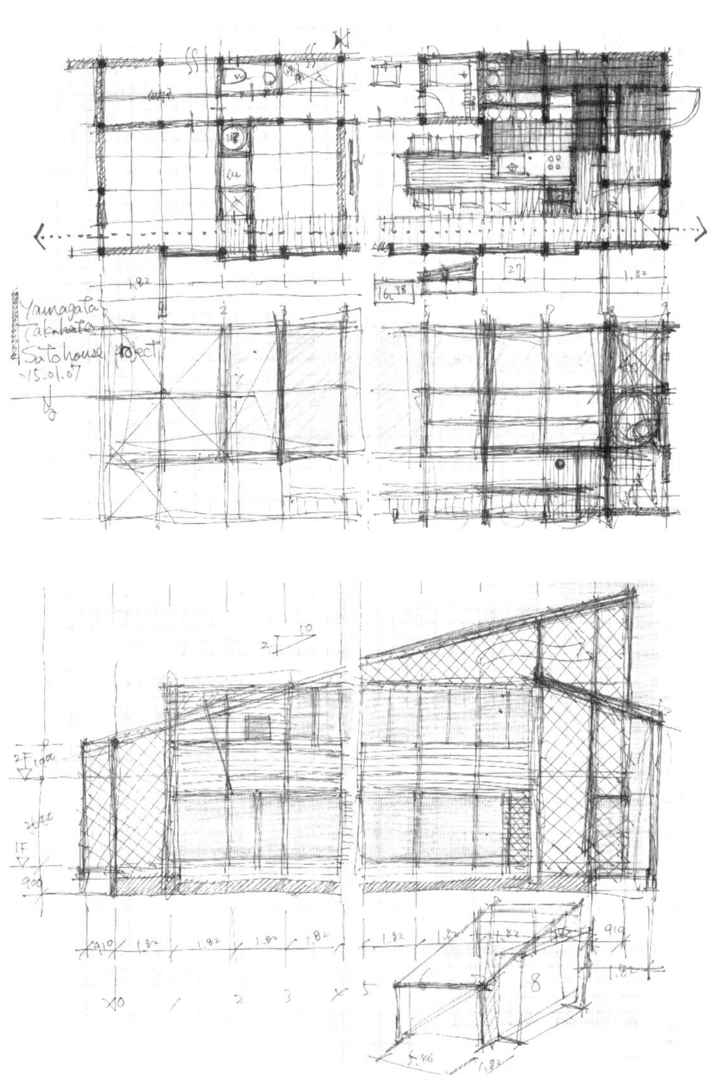

ここまでくると床座敷リビング（「ドマラボ」と呼んでいる）とキッチンほか水回りなどとの動線がうまく整理できる。一方、ここにきて屋根形状にまだわだかまりを残している。冬の陽差しを有効に採り入れながら、片流れ屋根のみの雪処理に迷いが生じる。

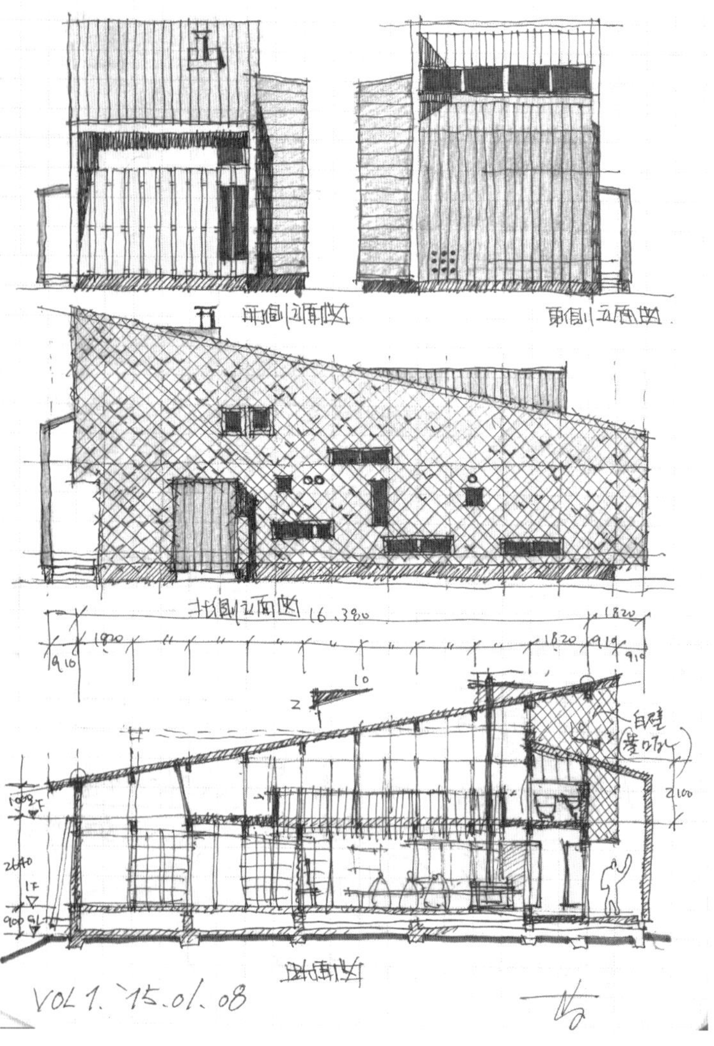
南側立面図
東側立面図
北側立面図
16,380
1820
910
断面図
白壁
2100
2640
1F
GL
900
VOL 1. '15.01.08

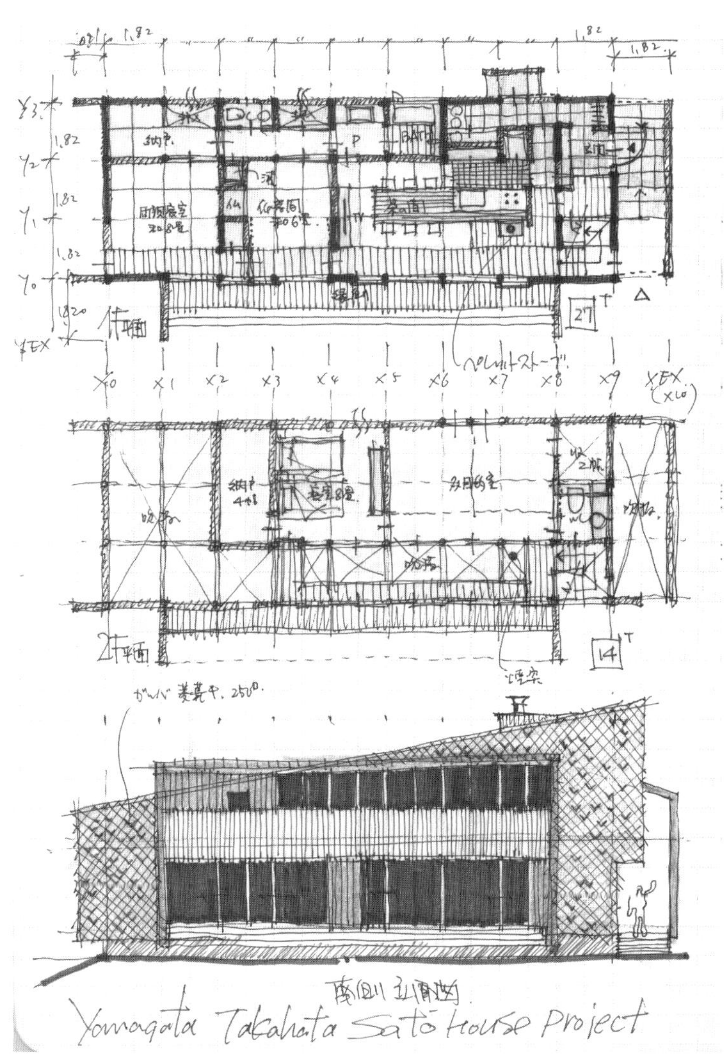

最終エスキス。ただ、ここでも問題浮上。片流れ屋根の勾配設定が甘く、2階居室の天井高不足が判明。さらに張り出した縁側の庇屋根の突起部が雪止めになることに気づく。最終的には片流れ屋根を三分割し、東西に分かれた「2段屋根案」に変更し、実施案作図へ引き継ぐ。

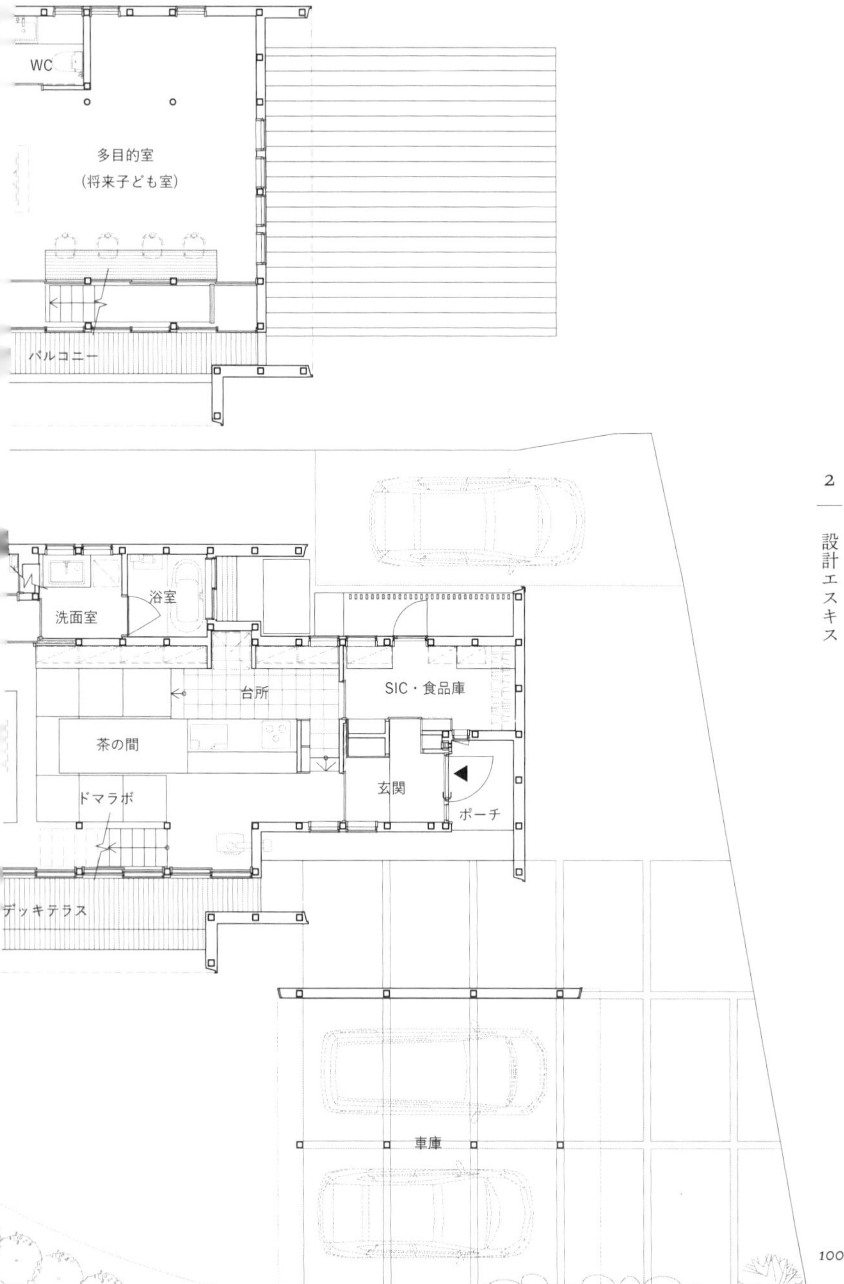
WC
多目的室
(将来子ども室)
バルコニー
洗面室
浴室
台所
SIC・食品庫
茶の間
玄関
ドマラボ
ポーチ
デッキテラス
車庫

まほろば里住

所 在 地 ／山形県高畠町
主要用途 ／一戸建ての住宅
構　　造 ／木造軸組構法
敷地面積 ／523.81㎡（158.13坪）
建築面積 ／125.94㎡（38.02坪）
延床面積 ／139.95㎡（42.25坪）
設計監理 ／瀬野和広+設計アトリエ
共　　同 ／金内勝彦設計工房
施　　工 ／大沼建築

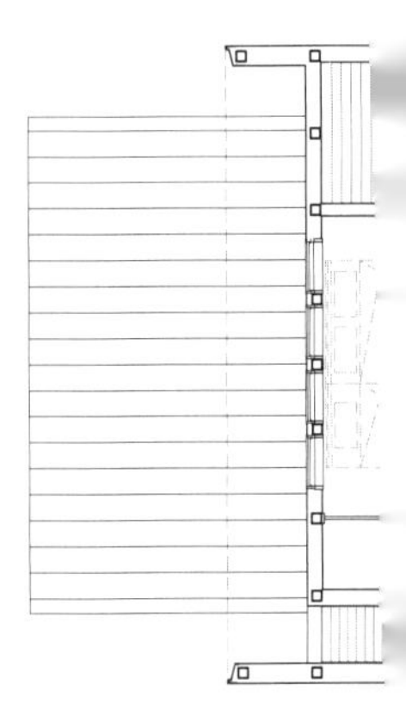

2階平面図

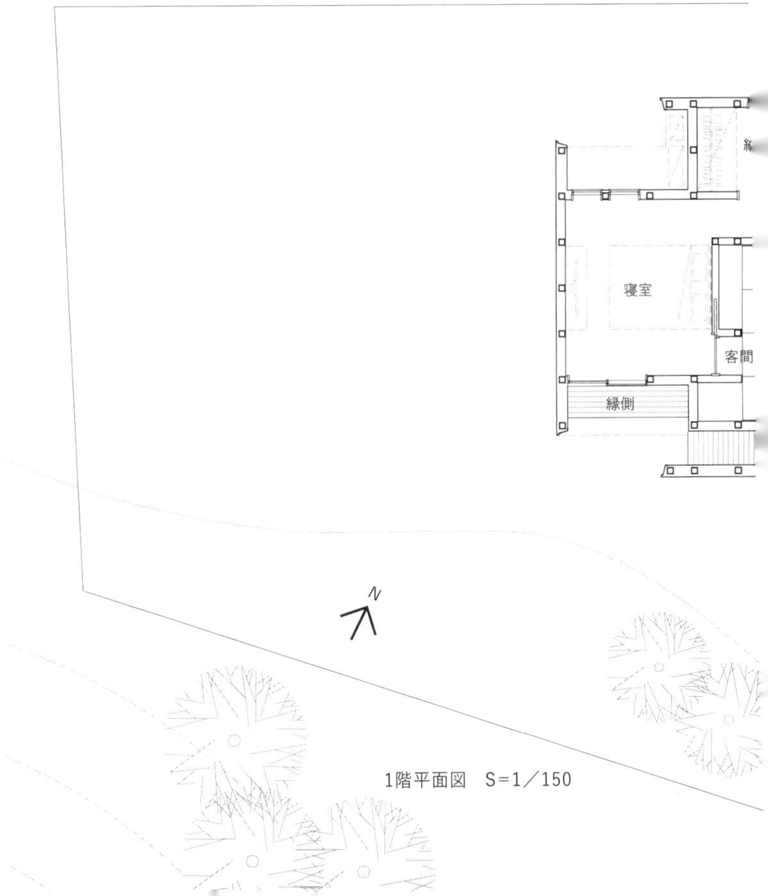

寝室
客間
縁側
N

1階平面図　S=1／150

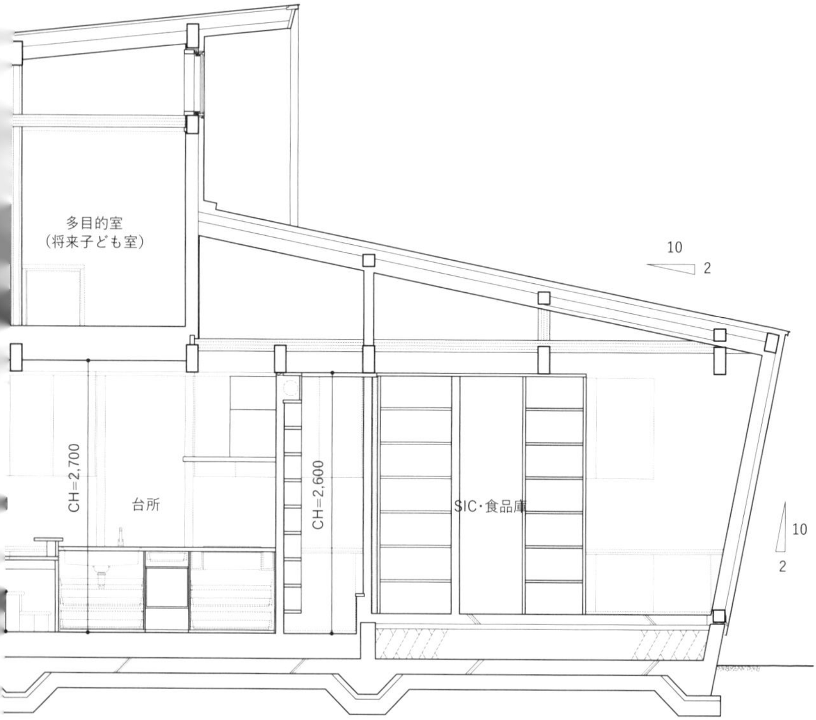

多目的室
(将来子ども室)

10
2

CH=2,700

台所

CH=2,600

SIC・食品庫

10
2

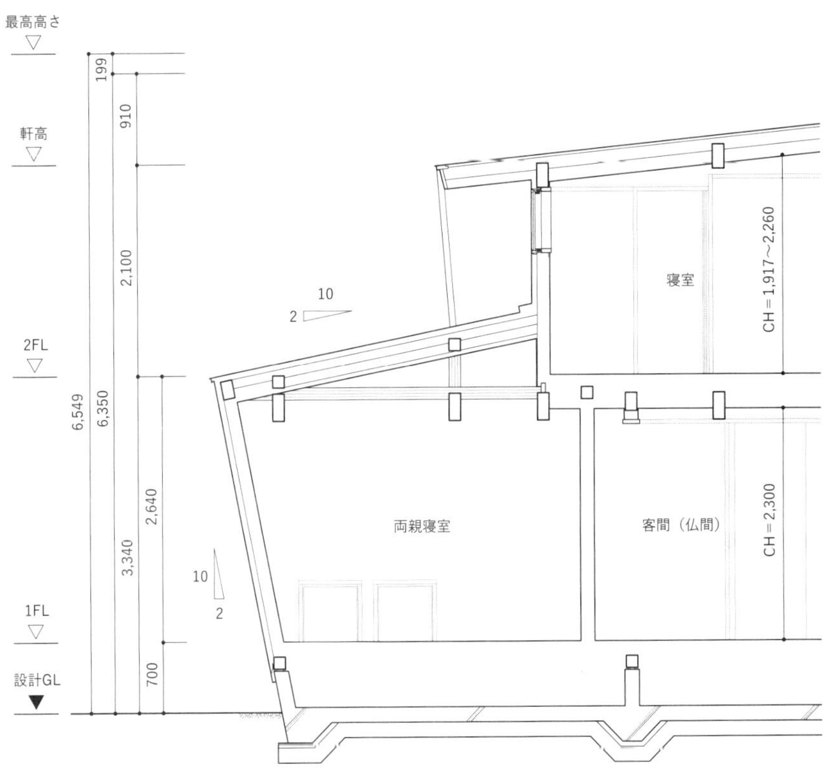
最高高さ
軒高
2FL
1FL
設計GL
199
910
2,100
6,549
6,350
2,640
3,340
700
10
2
寝室
CH＝1,917～2,260
両親寝室
客間（仏間）
CH＝2,300

断面図　S＝1／75

雪を纏いはじめた佇まい。

夏の佇まい。

台所はそのまま茶の間へ流れながら、掘ゴタツ式の床座敷となる。

コラム

ドマラボ

「ドマラボ」という新しいリビングの提案。椅子座・床座兼用型で、土間と一体化にすることで、かつての土間中心の暮らし向きを取り戻したい。理由は少し変ないい方だが、「家族をしてもらいたい」から。それに、ドマラボでは家事全般をこなすことができる。子ども部屋のない（要らず）間取りもセットにして、施主に提案することが多い。

親や子どもの場だけでなく、訪ねてくる人も招き入れながら、食卓やリビング・台所を囲んで交流できるみんなが集まれる場所。そんな「集う」間取りの提案である。それが良好な家庭環境を育むための力になると確信している。

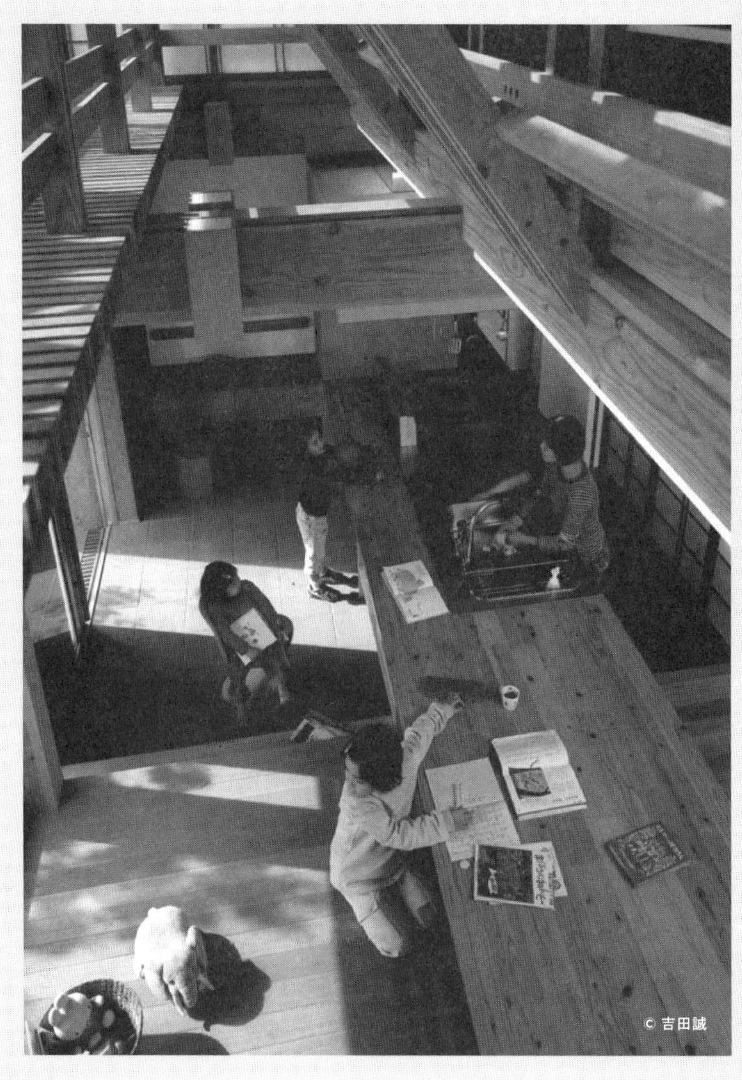

ドマラボの多彩な使い勝手。食卓・リビングはもとより、台所を囲んで、さまざまな訪ね人を招き入れて「地域の交流拠点」と化す。もちろん子どもたちの遊び場や学習の場となることはいうまでもない。

2

設計エスキス

春の雪解けを待つ家

雪間暮

ずっと温めてきた形が、いよいよ日の目を見る瞬間は胸が躍る。春になれば溶けてなくなる雪。浪力惜しまず除雪・排雪作業と、それに追われる暮らし向きを憂いていた。どうせなら屋根の雪下ろしやその後の除雪を一切せず、「春の雪解けを待つ家」にしたい。ヒントは豪雪地域の三角雪囲いの納屋に見出していた。

「雪間暮」は町の新規就農者住宅として山形県大江町で採用され

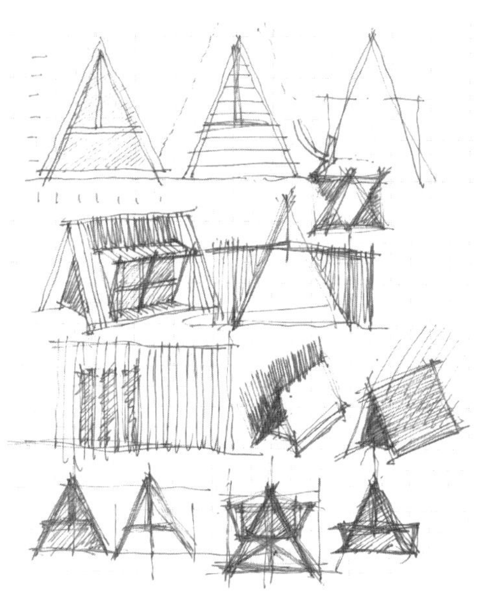

た。間口4間（7280ミリ）を一辺とし、それを垂直高にした二等辺三角形の断面形。屋根と壁が兼用になることで各種建材の減量化も図っている。ネックは屋根面に原則開口部を設けられないこと。居室配置は妻側開口面にならざるを得ず、さらに、空調換気設備等もしかりで、断面的な工夫も吟味した。合理的雪対策の要として、合掌屋根面には一切の開口部や突起物のない設計を条件としながら、エスキスをはじめた。

＜三角断面のスケール確認＞

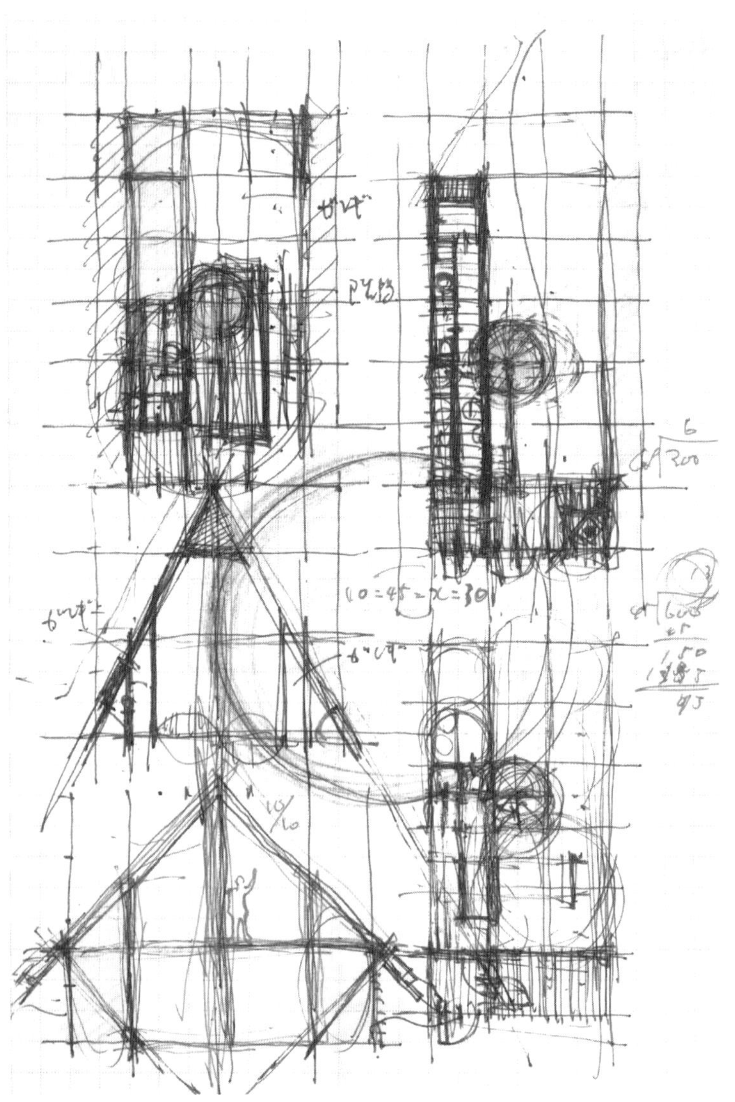

延床面積25坪を2階建てとしながら三角断面に納めなければならない。三角形の両隅部は頭打ちから間取り有効3×5間とすることで、平面と容積のバランスを図った。

＜配管ルートの検討＞

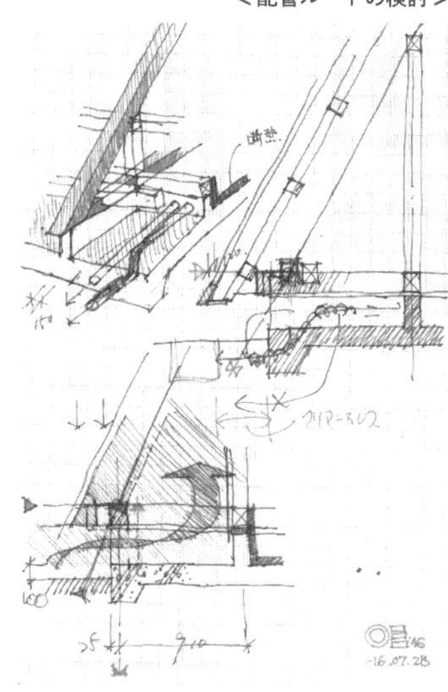

配管ルートや埋設方法など、基本的な方向性を見出す検討。

＜基礎との取り合い＞

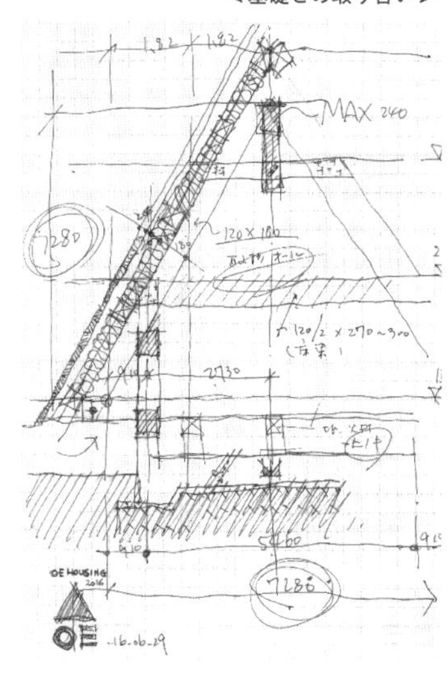

合掌型の断面の軸組と断熱材の絡みを部材寸法に入れ込んでみる。

長年温めてきた単純合理的な形ではあったが、いざはじめてみると単純さゆえのディテールが気になりだし、エスキスは難航した。さらに条件の薪ストーブの煙突でさえも、屋根面から突出すれば滑雪に支障が出る。それならばと、頂部に取り付けることで問題解決を図っている。この最終案にたどり着くまでに随分と時間を要した。

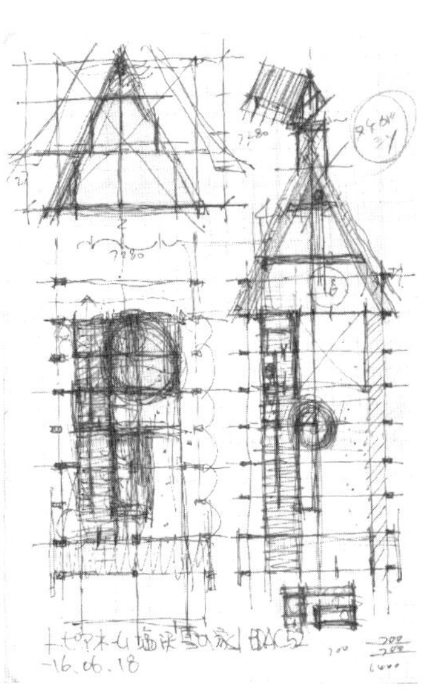

＜最終プラン（2F）＞

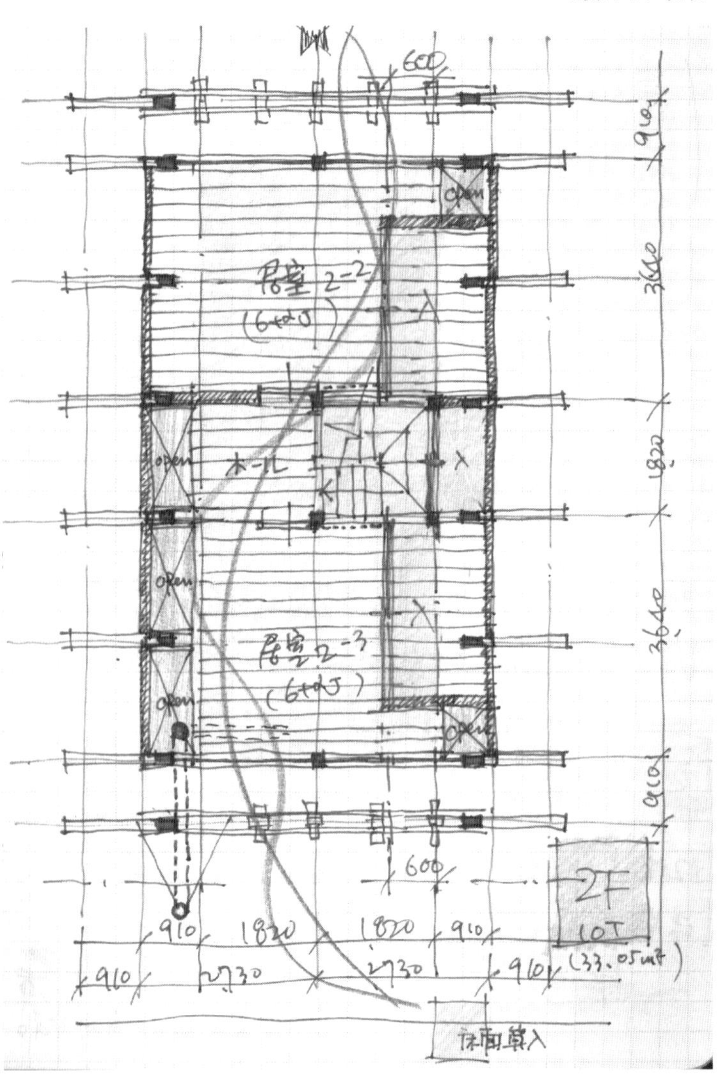

本当は居室を分けずにワンルームでプランニングしたいところ、新規就農者のための公営住宅という制約の中では、間仕切りも致し方ない。

<最終プラン (1F)>

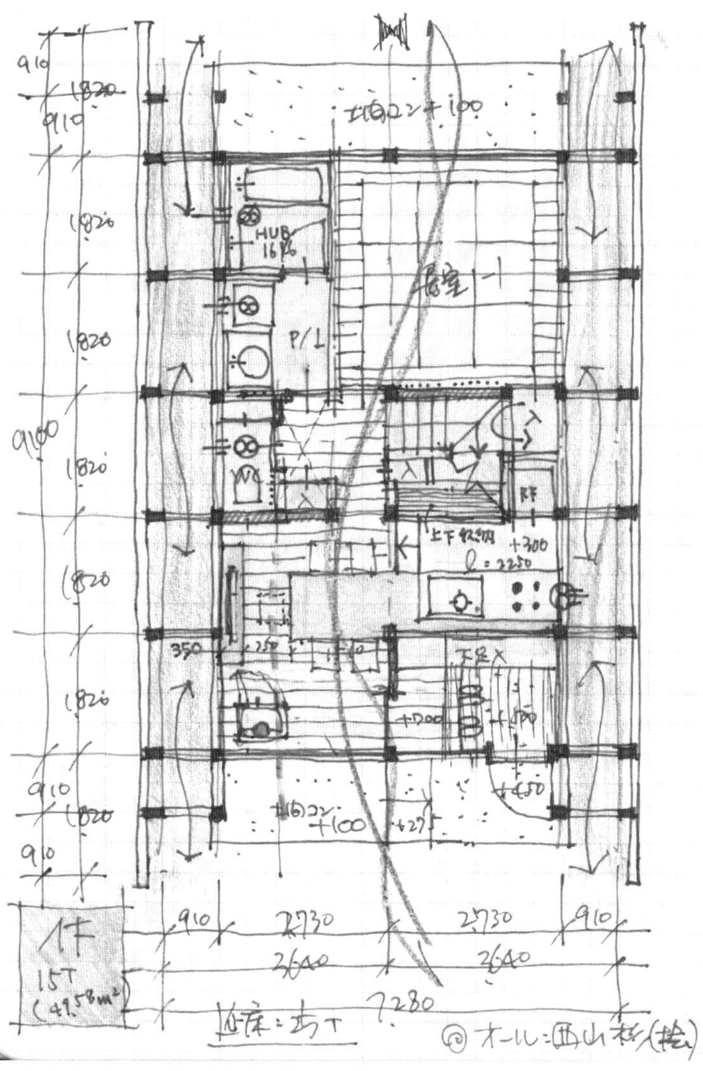

最終プランができあがる。三角断面の両サイドに通る南北軸の風洞は、西側排気用、東側吸気用と決める。これで風通しはばっちり。

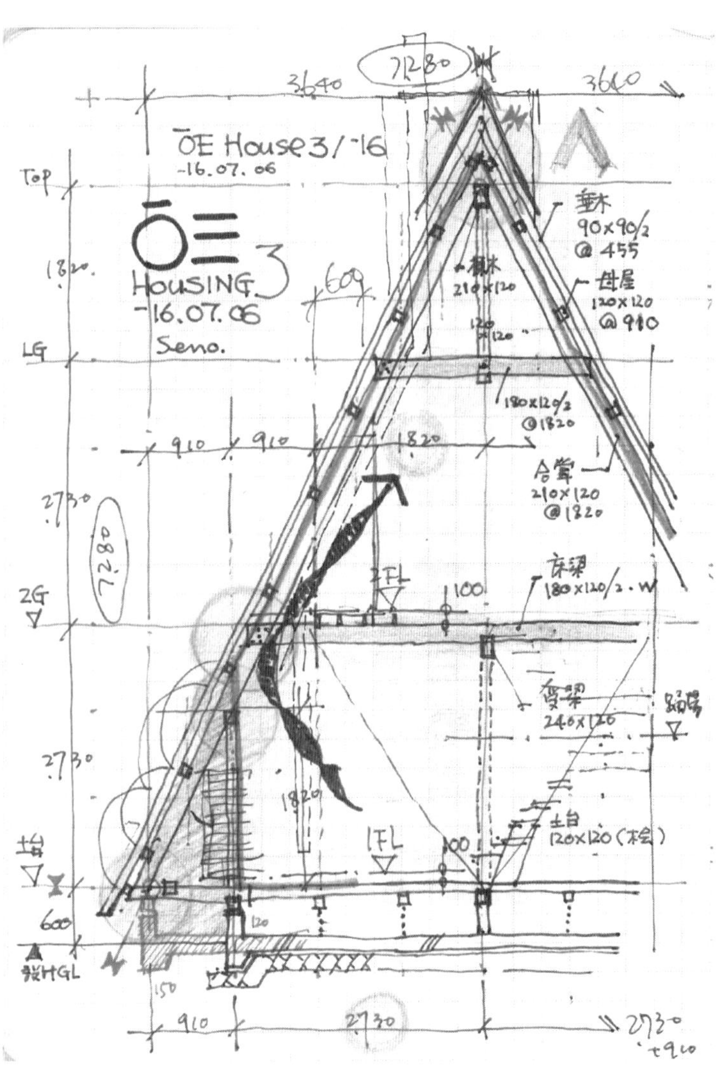

プラン同様、断面の基本構成ができあがる。ここら辺からはエスキスからCAD図面化に移行し、各部ディテール検討とともに基本設計作業にバトンを渡す。

＜ディテールと仕口納まり＞

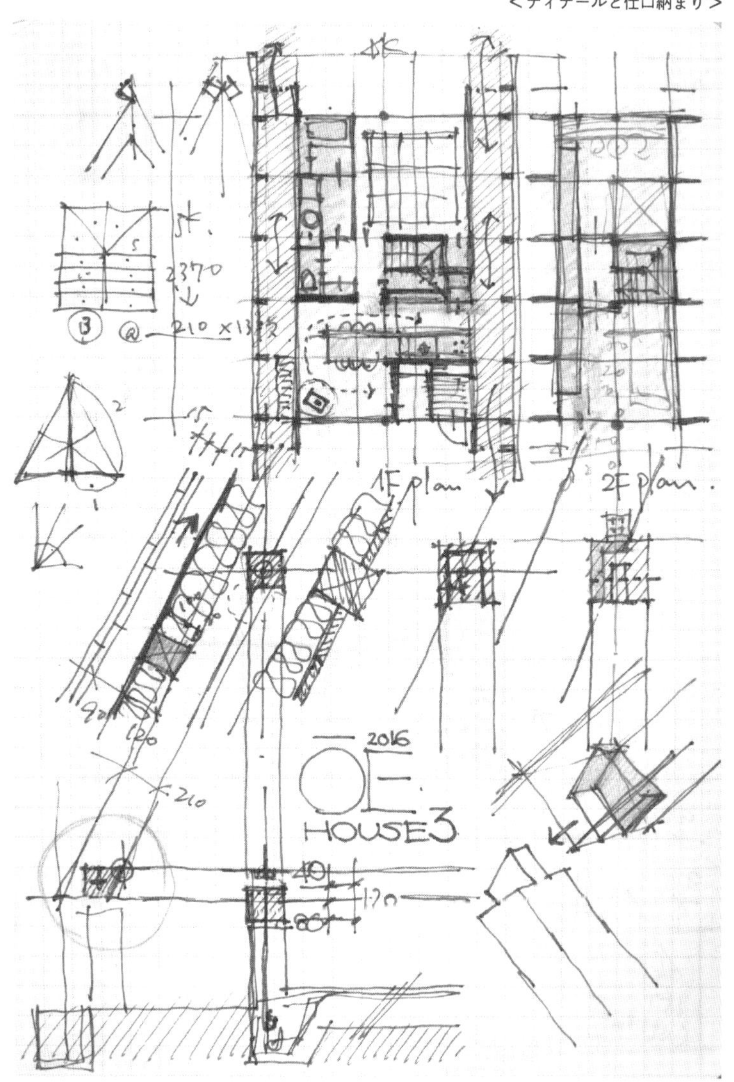

断熱層と木組みのディテールが気になりだし、検討しているところ。納まりもこの時点での詰め作業となる。

周辺風景の中に三角屋根を落とし込む。電線の引き込み方と薪ストーブの煙突の取り付け方を吟味していかなければならない。

豪雪地帯（十日町）には小さな三角小屋が点在している。

「雪間暮」合掌づくりに近い、山形樽石大学野菜販売小屋。

＜雪に埋もれる姿＞

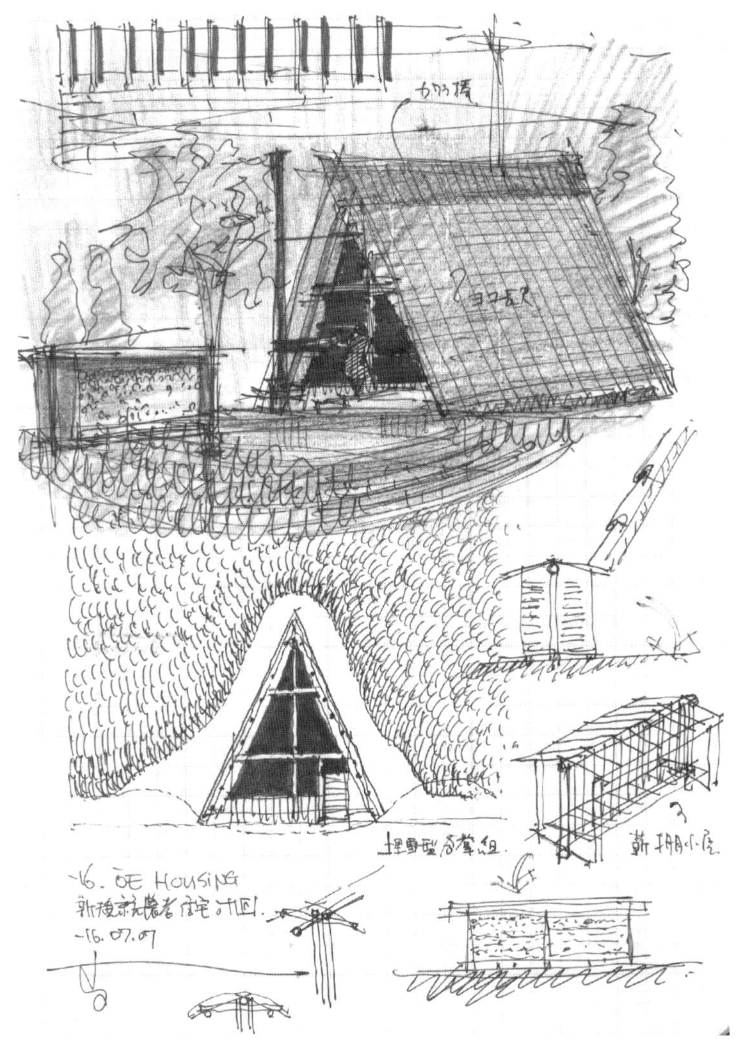

雪に埋もれるための囲いづくりなのだから、春まで雪にこんな風に閉ざされながらの暮らし向きを想像する。一方、薪ストーブの煙突の取り付け方で悩み続け、薪棚や屋根葺き方も同時に気になりだしたところ。煙突は落雪の妨げになること必至で、本来付けたくないのが本音。

雪間暮　大江町新規就農者住宅

所 在 地 ／ 山形県西村山郡
主要用途 ／ 一戸建ての住宅
構　　造 ／ 木造軸組構法
敷地面積 ／ 622.77㎡（188.38坪）
建築面積 ／ 80.95㎡（24.49坪）
延床面積 ／ 82.80㎡（25.00坪）
設計監理 ／ 瀬野和広+設計アトリエ
施　　工 ／ 大泉組

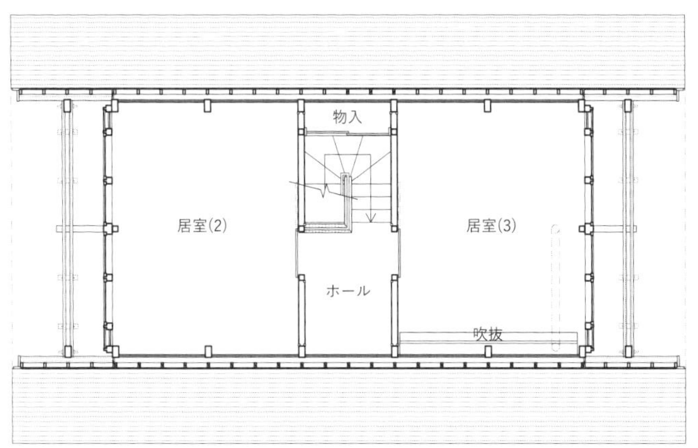

2階平面図

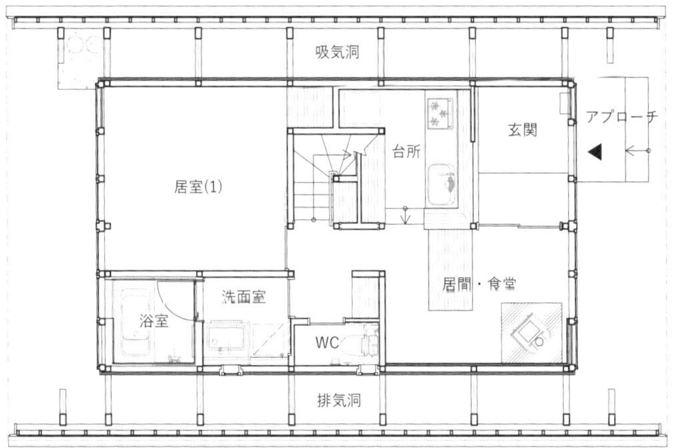

1階平面図　S=1／150

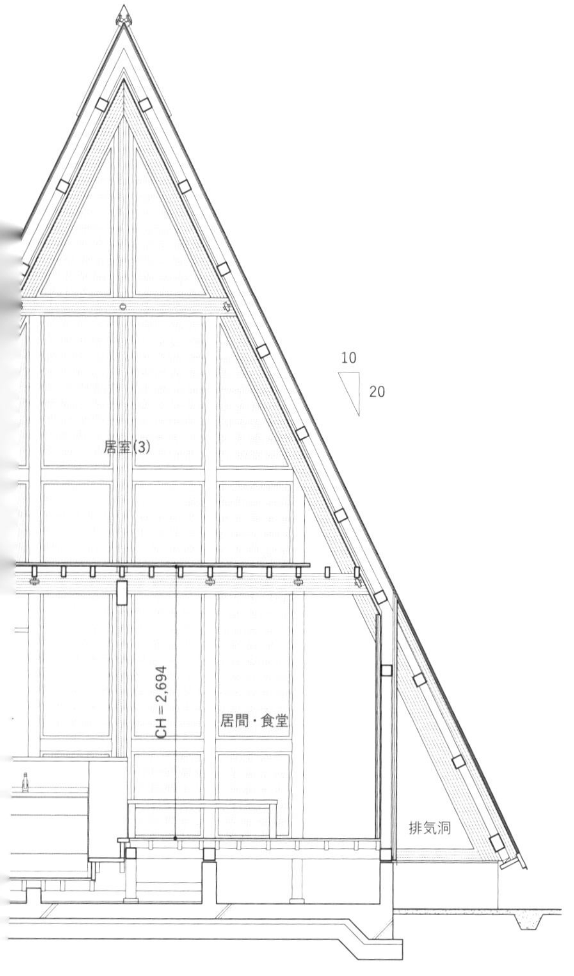

居室(3)
10
20
CH＝2,694
居間・食堂
排気洞

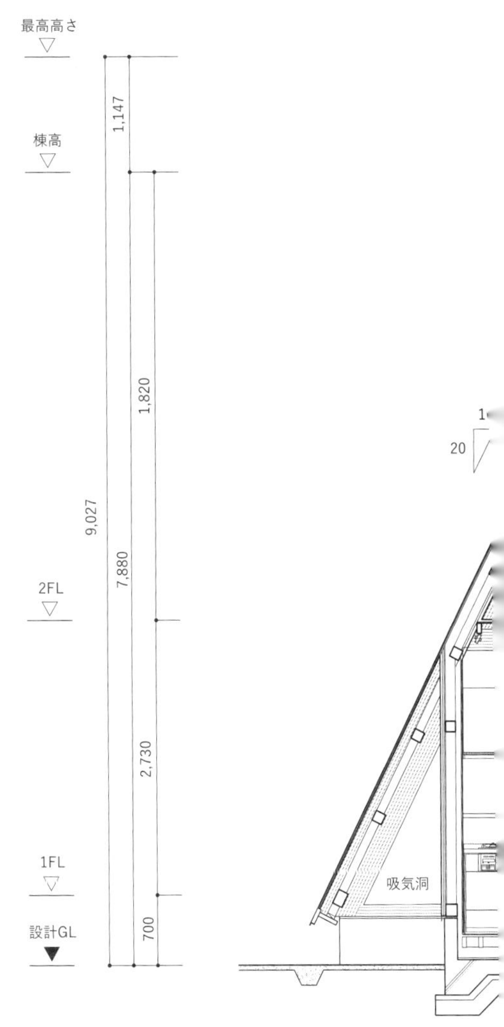
最高高さ
棟高
2FL
1FL
設計GL
1,147
1,820
9,027
7,880
2,730
700
20
吸気洞

断面図　S=1／75

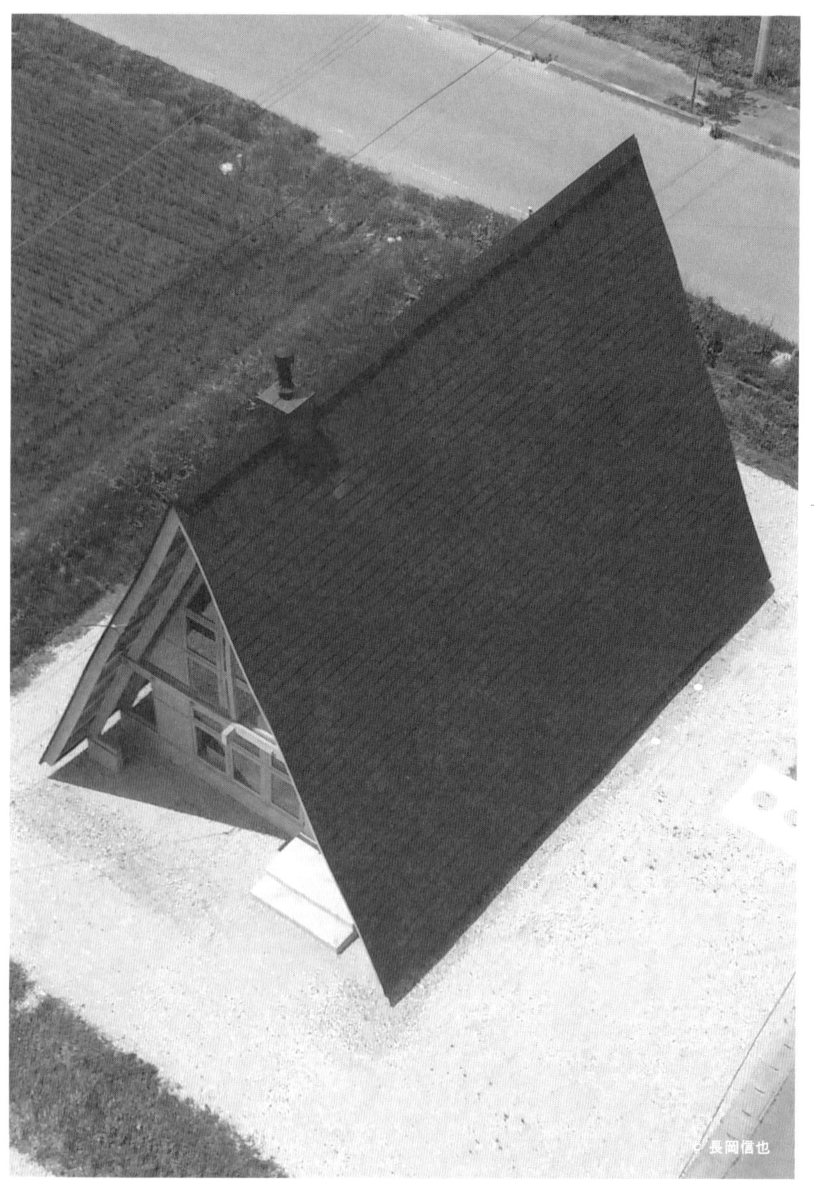

夏場の俯瞰。合掌組頂部の棟木を両サイドにずらすことで、棟木を切らずに薪ストーブの煙突を出すことができた。

冬場の表情。積雪が多いときは、三角屋根が半分以上埋もれてしまうことも。

2 — 設計エスキス

軸組の美しさを

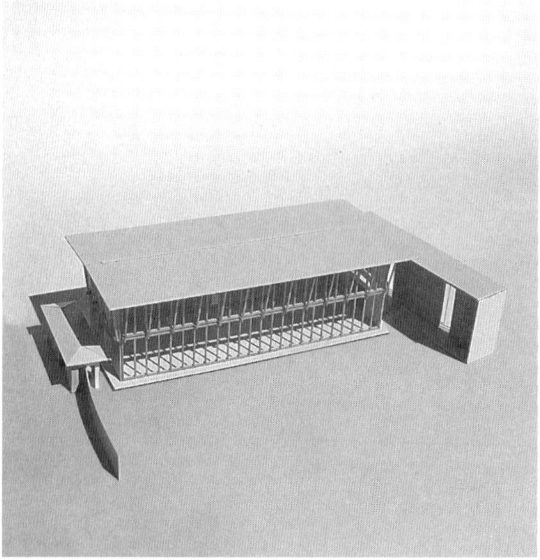

大工館II

香川県三豊市の工務店本社屋の建て替え、それを「大工館」と名づけた。設計してから15年が経過し、工務店側が高松市に新たに進出することになり、ショールームなどを兼ねた事務所の設計を再び担当することに。「大工館II」と名づけ、「木造の軸組の合理的美しさを表現しよう」と計画がはじまった。

「まちの行燈のような存在になってほしい」と願い、まちにやわらかな光を提供できる建築を構想し

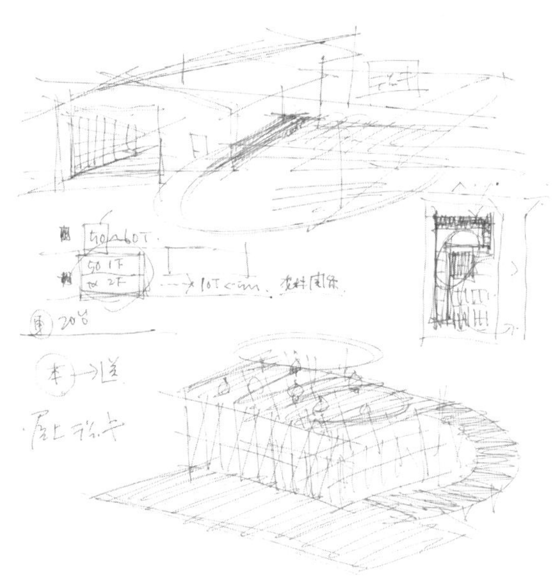

打合せ時のメモ。木の家づくり工務店社屋なので「木」をどう美しく見せるかがテーマ。

ていた。事務所機能はもとより、地域の人たちが集まる場所づくり。プランは大きく2パターンに分かれた。最初はRC造と木造の混構造とし、1階はピロティで2階に事務所機能をまとめて配置し、屋上庭園を楽しもうという案。その後、「会議室を個別に広くほしい」「コストも抑えたい」との話もあり、素直に木造2階建て四号扱いで、身軽に2案目作業へと移行。

その後、地場産ヒノキが入手可能であるとの知らせに、純木造案づくりに力が入る。それが実施案となる。

以前手がけた「大工館」は四寸勾配の全面緑化屋根のため、「大工館Ⅱ」では「歩ける緑化屋根をもつ施設にしたい」と考えはじめる。事務所を2階に持ち上げ、屋根を屋上庭園とする。20台の駐車スペース確保が当初の要望。その回答としてのピロティ案でエスキスを進めた。

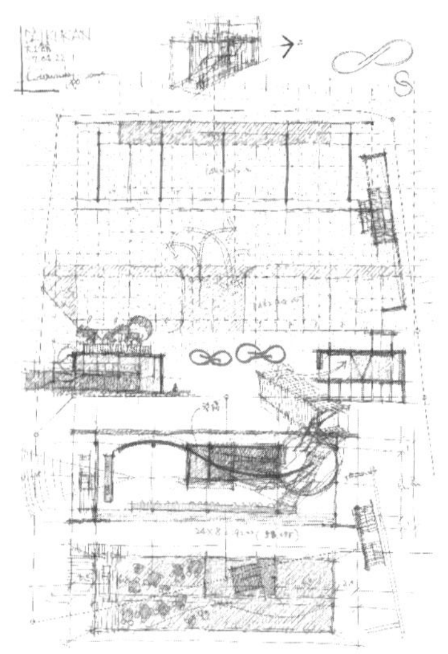

コワーキングカフェをメインに事務部門と共有しながらプランニング開始。

＜混構造のピロティ案＞

駐車台数から主要プログラムは2階に集約することに。

<ピロティ案：ゲートのデザイン>

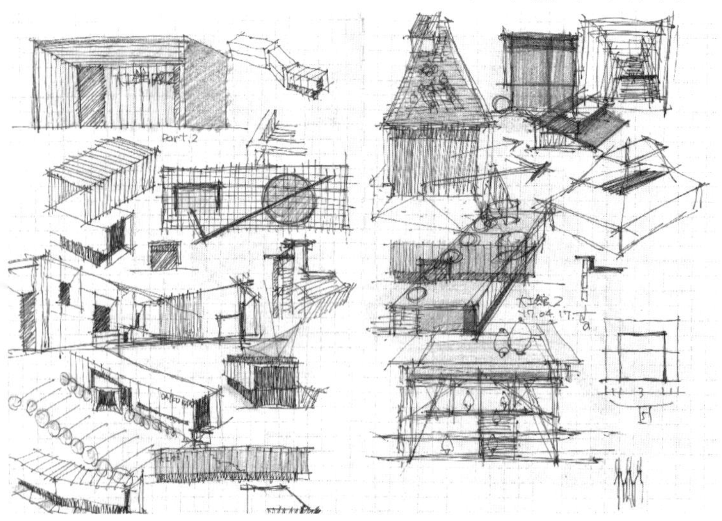

訪れる人々を迎え入れる意図を込めて、本体とは別に、道路側に間口いっぱいの門状ゲートを考えはじめる。

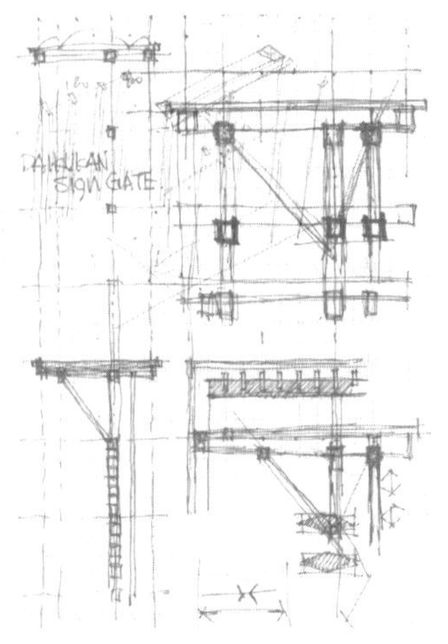

ゲートも木造で面白い架構体にしようと描きはじめる。

本来であれば、道沿いにファサードを構えるべきと考える。しかし、人や車のアプローチを考えると、合理的でないことから引込み道路に対して正面を向けることに。ただどうしても「道沿いに顔を向けたい」思いから、ポーチ上屋を工作しながら、同時にサイン棟としてのゲートを本体にからませようと考えた。

＜ピロティ案のプラン完成＞

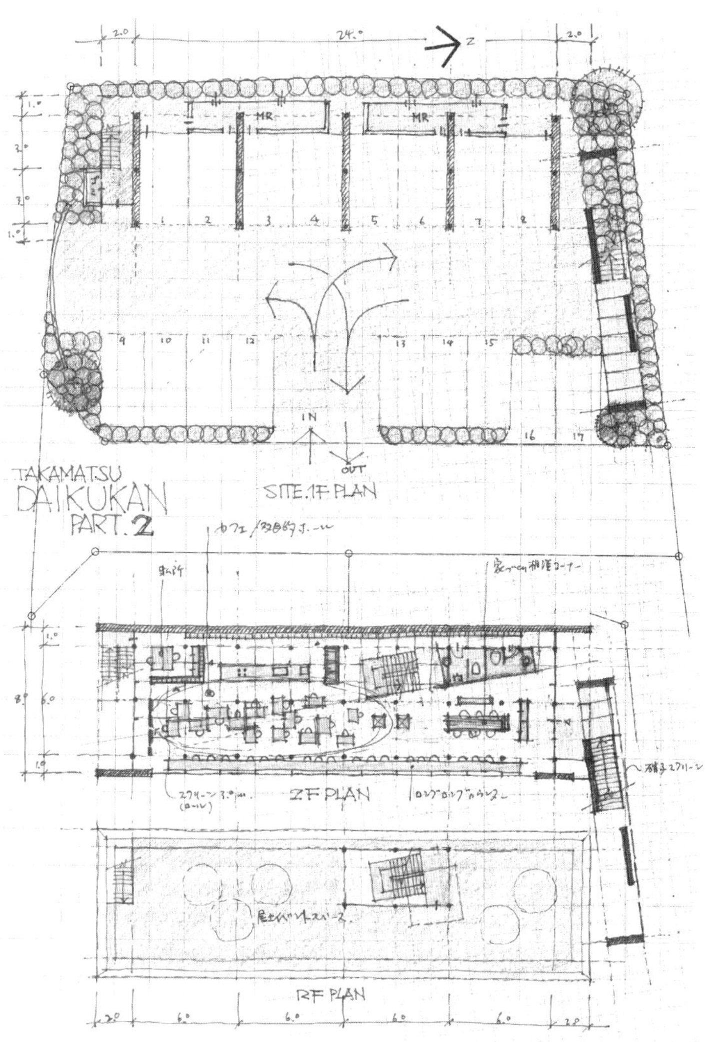

ピロティ案の最終プランをまとめてみる。コワーキングカフェをメインに、事務所スタッフもフリーアドレス型で仕事をこなすコンセプトでプランをまとめる。

＜ピロティ案の断面図・立面図＞

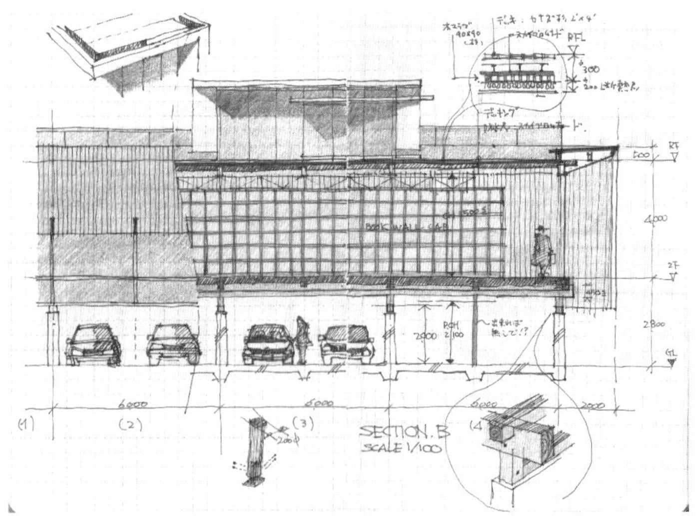

＜ゲートのデザイン＞

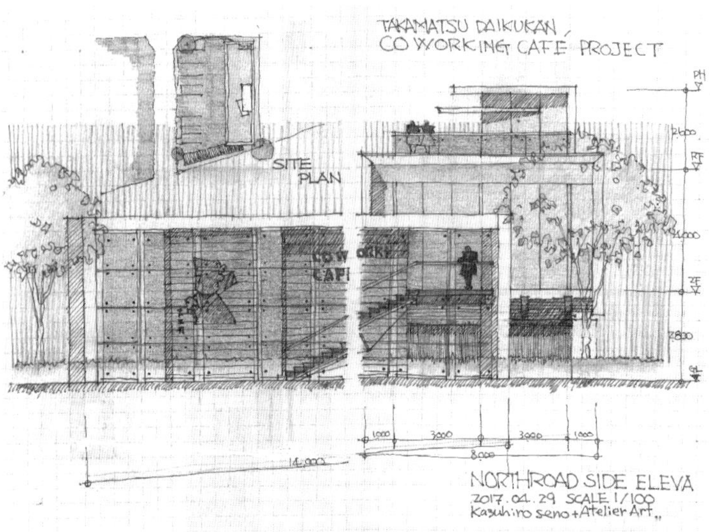

門状のゲートはアプローチ動線を兼ねるとともに、サインボードとしても機能させる。

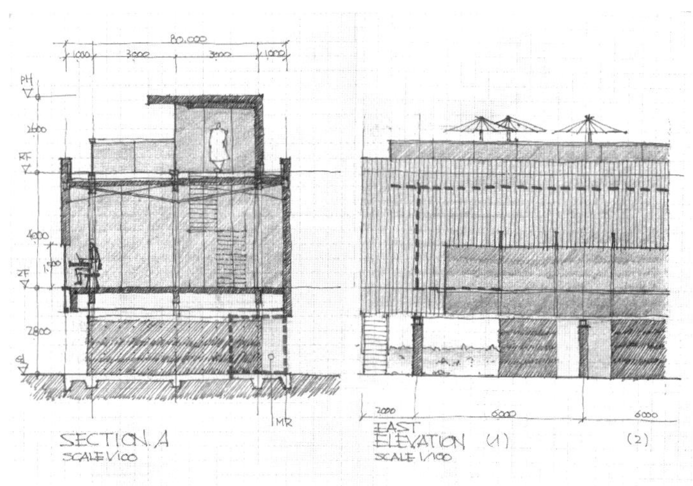

基本断面（妻側）と長手側外壁の被覆がわかるように示す。RC部の上に木造が載るため、納まり図と屋上デッキの基本詳細を示す。

＜スケッチパース＞

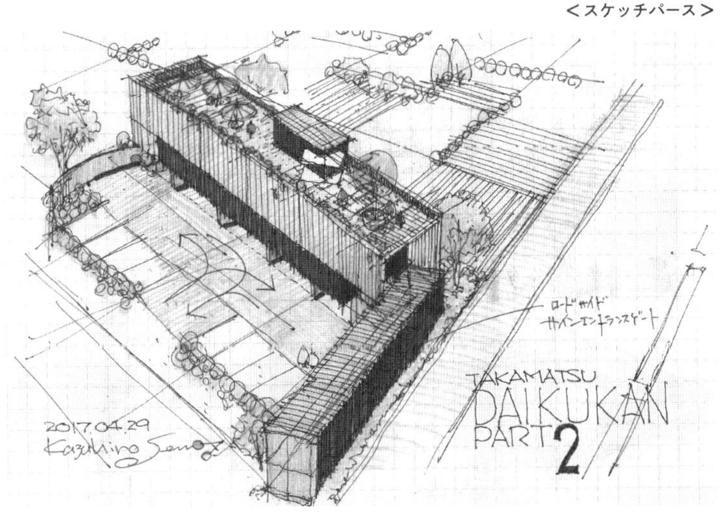

ただこの時点では、まだまだ、コンクリートと木のハイブリッド感が出すぎていた。ピロティを駐車場にするためには防火規制もかかり、木の露出も難しい。木の要素が次第になくなるであろう現実に、エスキスしながら一抹の不安がよぎる。

＜門型フレームの原型＞

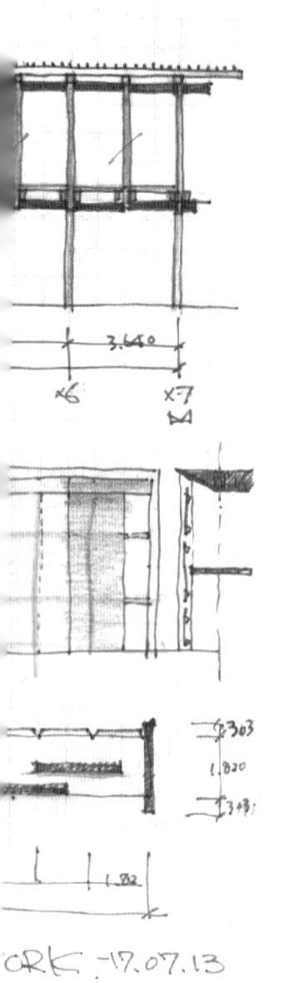

＜2案目に取りかかる＞

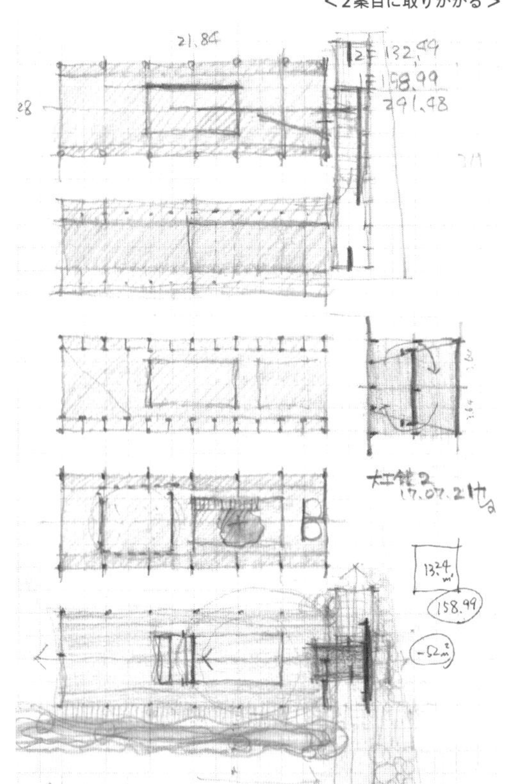

2案目では、規則正しいヴォリュームを基本に、耐力壁を外壁に出さないコア構造の可能性を見出そうとしているところ。

コンクリート下駄履きピロティと木造のいわゆる混構造や屋上庭園型では、コスト増は必至。そこは、「木の家づくり」をウリにしている工務店社屋。木の建築らしさを全面に押し出すためにも、「ここからは木造の鬼になろう」と、木を木で組むエスキスにシフトする。

さらに、ここにきて、地場産ヒノキが使える幸運も渡りに舟となる。すべての軸組を現しながら、構造的合理性とその架構美を積極的に表現しようと方針を切

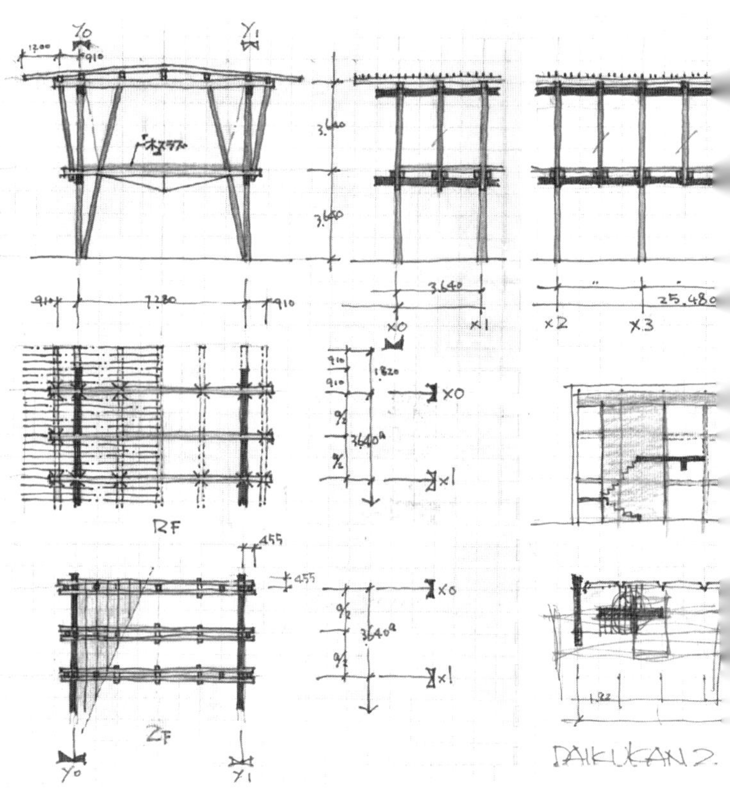

方杖をもつ門型フレームの原型がしだいに見えてきた。１案目で面積の検討等もふまえているため、きれいな軸組に落とすことができた。２案目の門型案の方向性がまとまる。

り替えた。

＜接合部の仕口納まりの問題＞

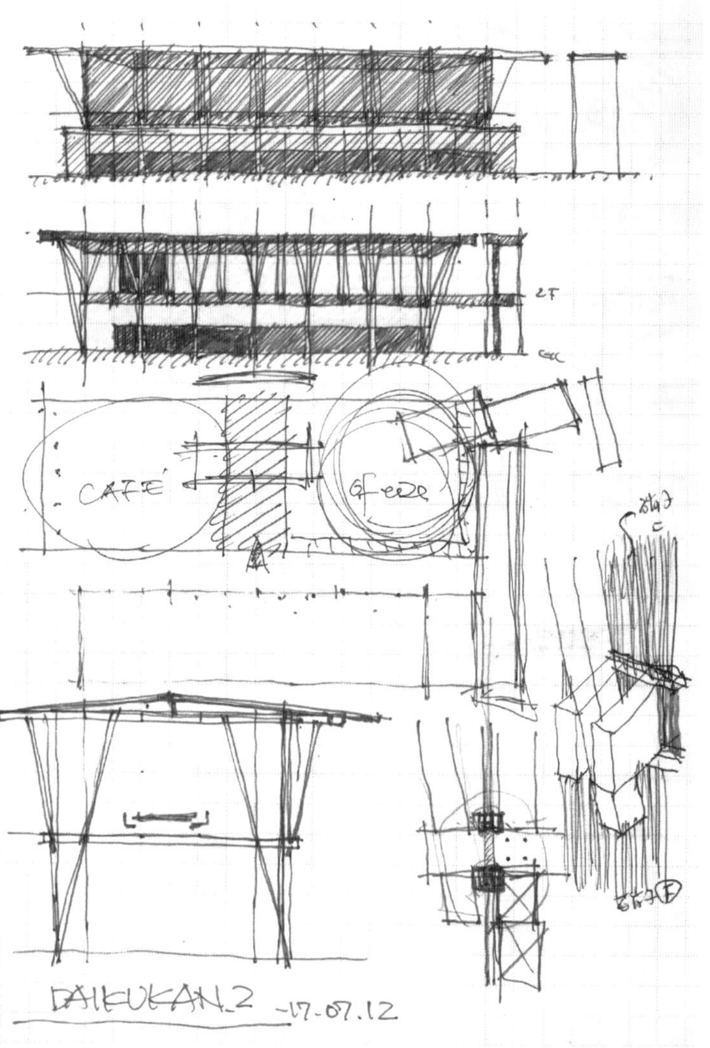

問題は接合部の仕口納まりである。ここからは、基本的な考え方を示しながら、構造家・稲山正弘氏に相談する。

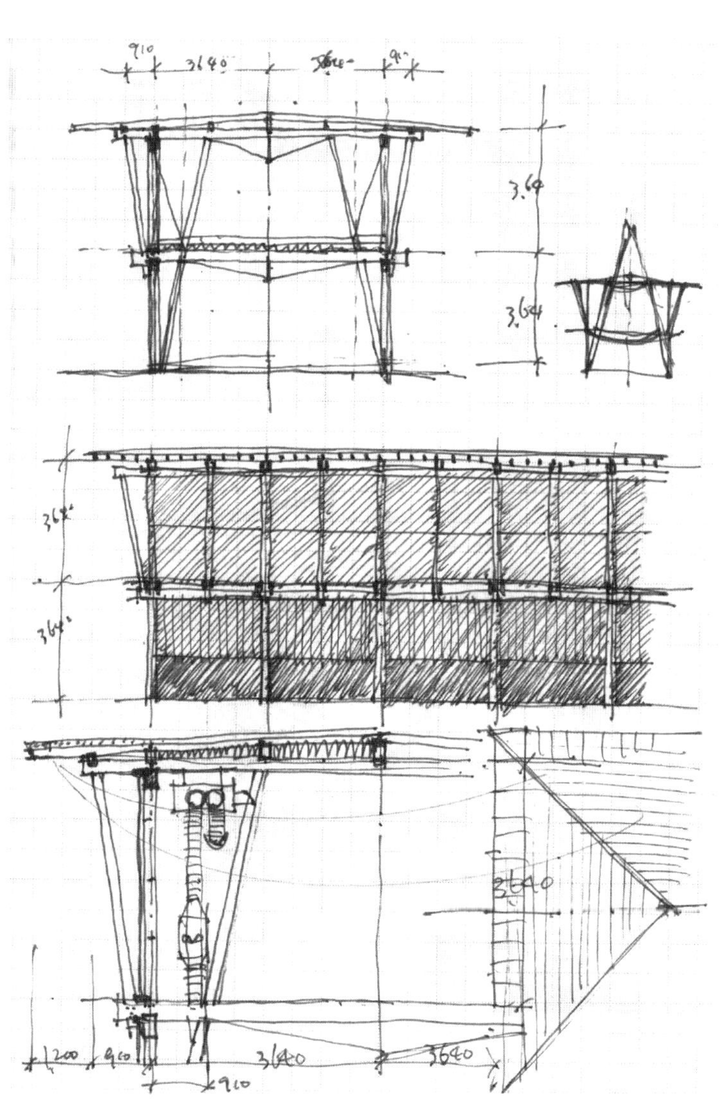

一方、軸組を現す表現においては設備機器と配管処理がネックになる。

＜プランと方杖の関係性＞

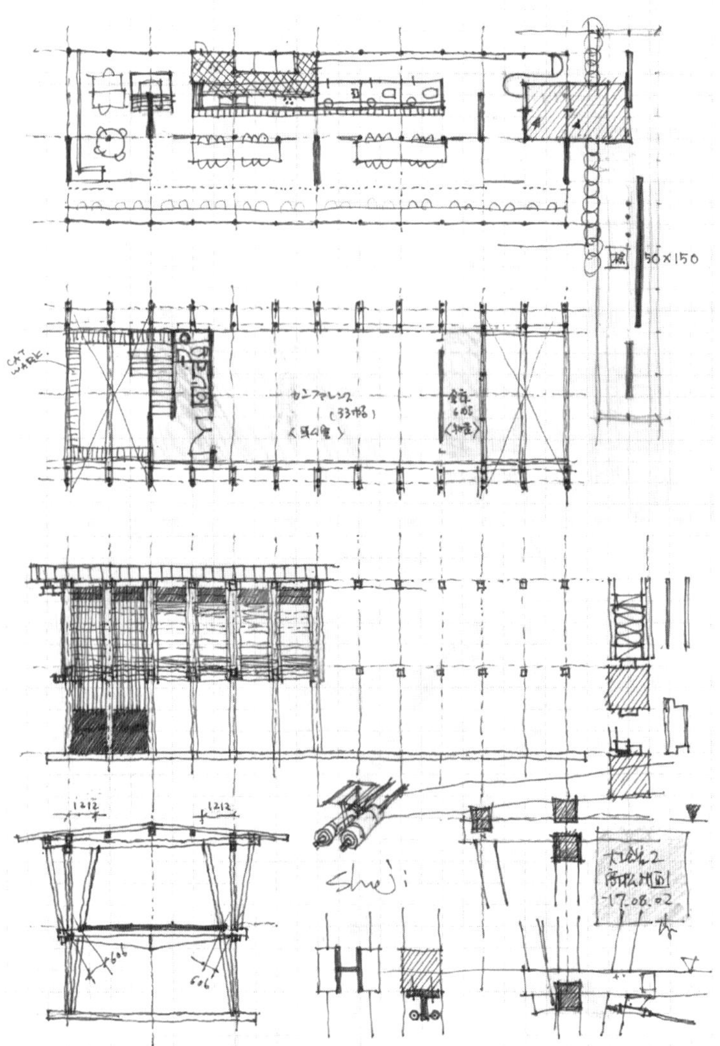

縮尺を上げながら、平・立・断面の調和を図るべく、検討を繰り返す。方杖が集まる2階木スラブ部分の納まりがとくに難しい。

＜挟み梁の検討＞

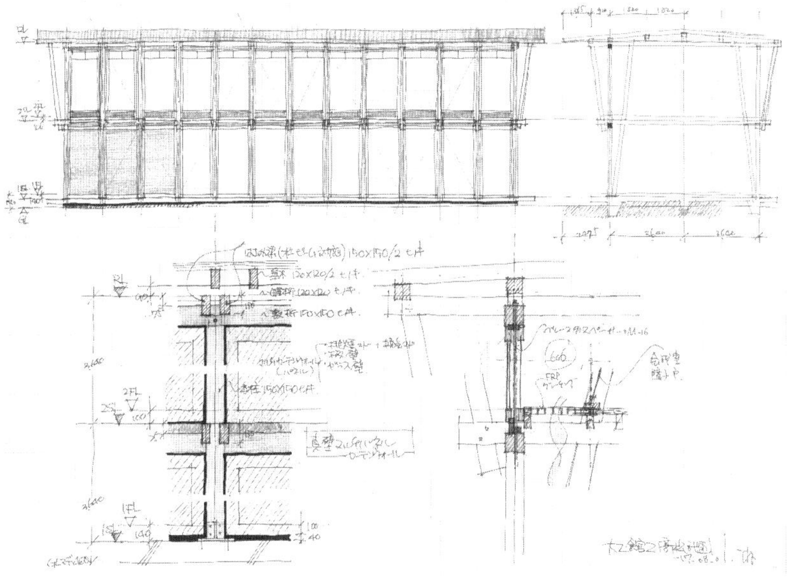

稲山氏と相談しつつ、部分から全体、またディテール検討へと手の動きを止めない。挟み梁と桁の取り合い、またそれが立面や断面としてどう現れてくるかを確認している。

＜門型案の最終プラン＞

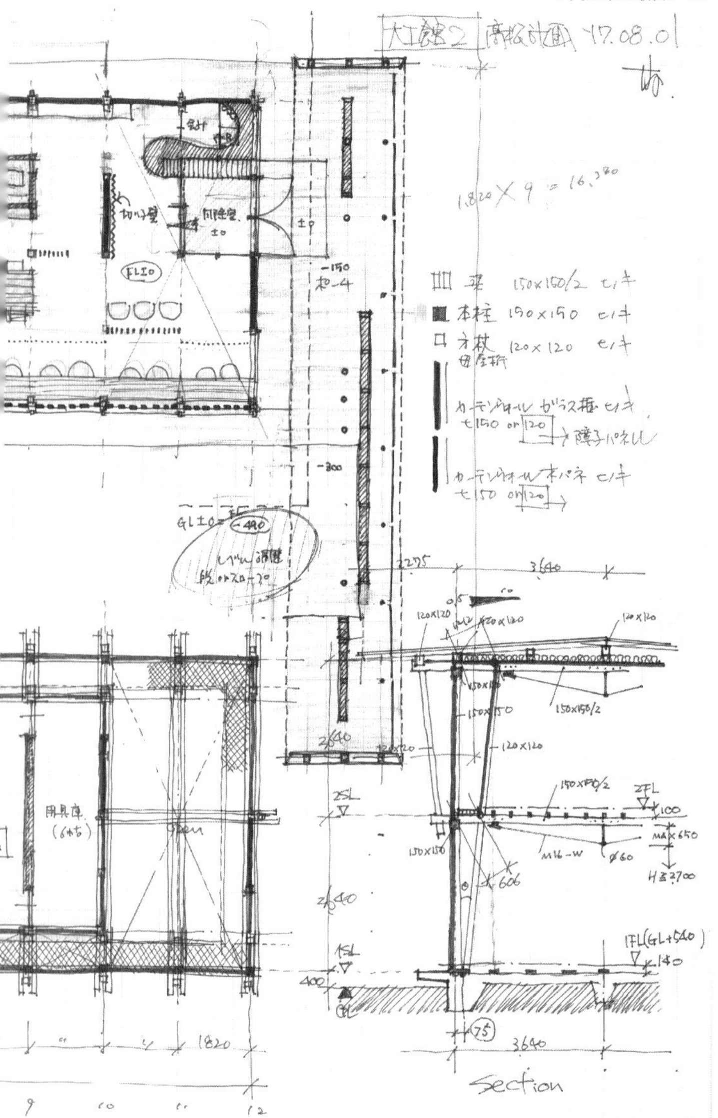

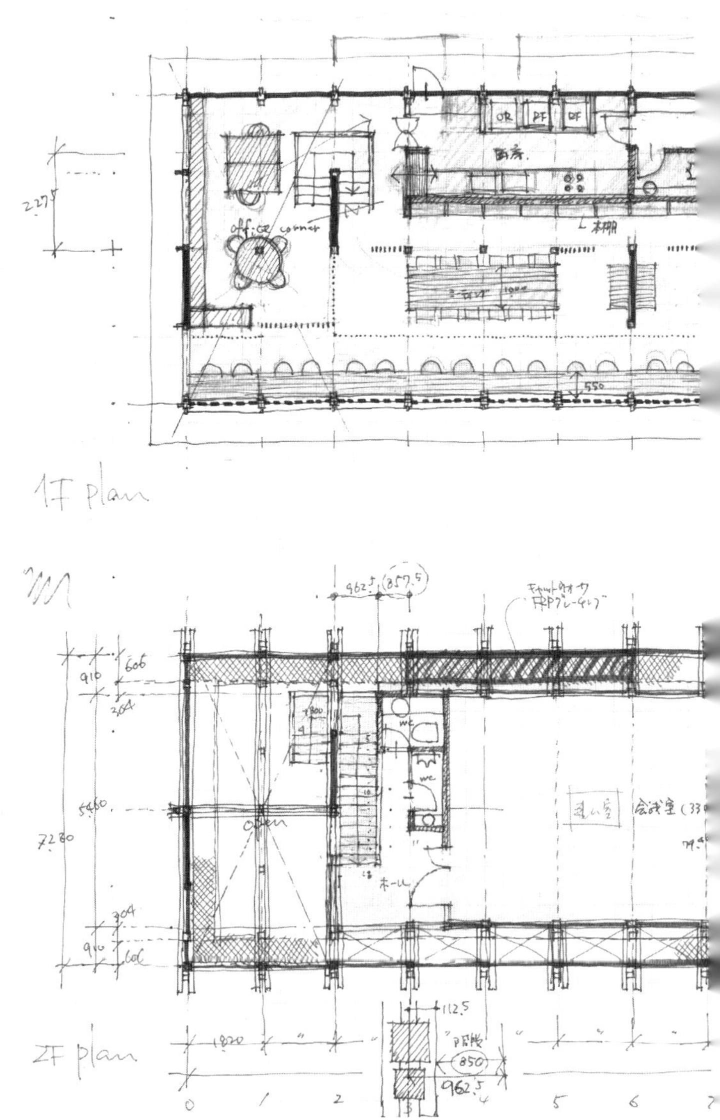

門型フレームの美しい軸組の建築。方杖と挟み梁、張弦梁により、120角と150角のヒノキが整然と並ぶ。1階に事務機能を集約させ、2階は会議室というシンプルな最終案となった。最終的には張弦梁を外した梁桁架構が可能となった。

稲山正弘氏による仕口スケッチ

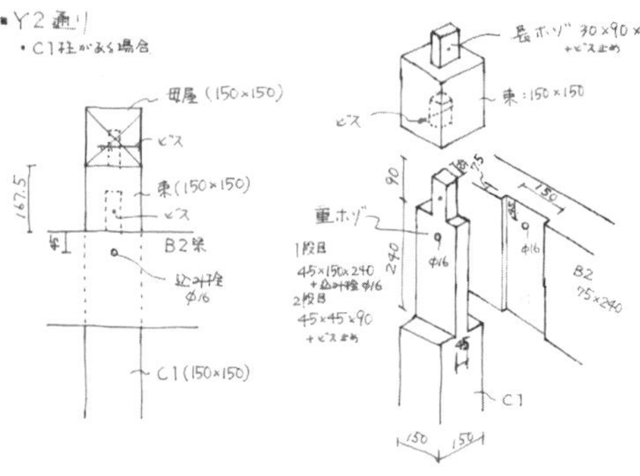

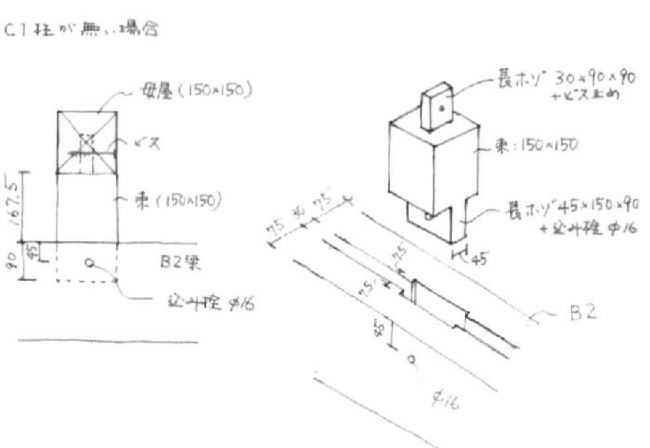

軸組のあらましが見えたところで、構造家・稲山正弘氏に参画してもらった。接合部一つ一つを、目の前でフリーハンドで描く稲山氏のエスキスには歯が立たない。さらに補足図は、そのまま設計図として使える精巧さに、圧巻というしかない。自分とのギャップに多少の悔しさが残る。

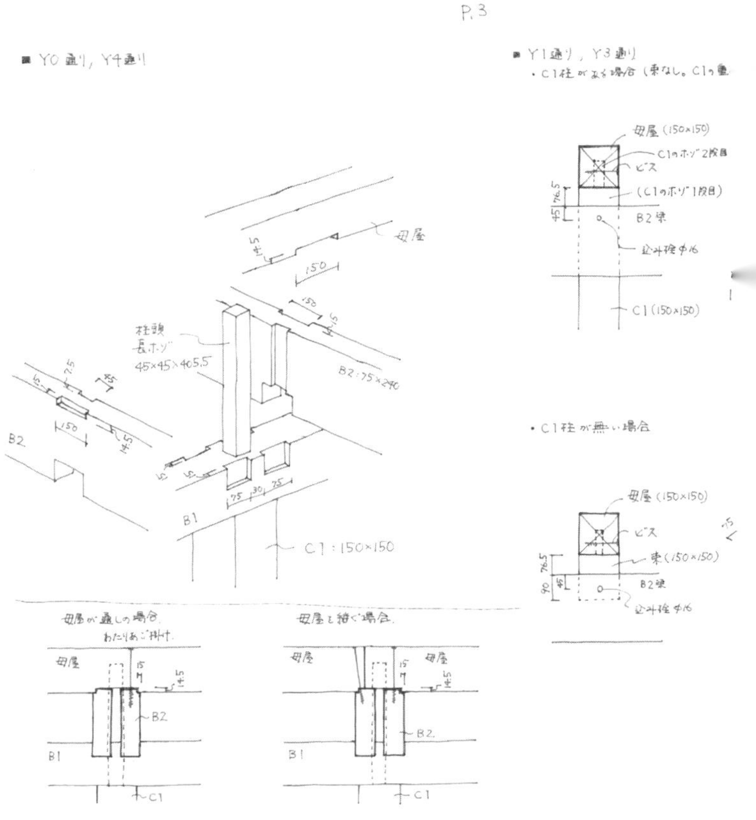

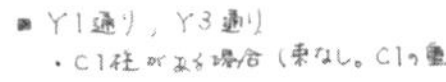

打合せのかたわらで稲山氏の手がスラスラ動き、仕口スケッチがあっという間に完成 !!

軸組模型

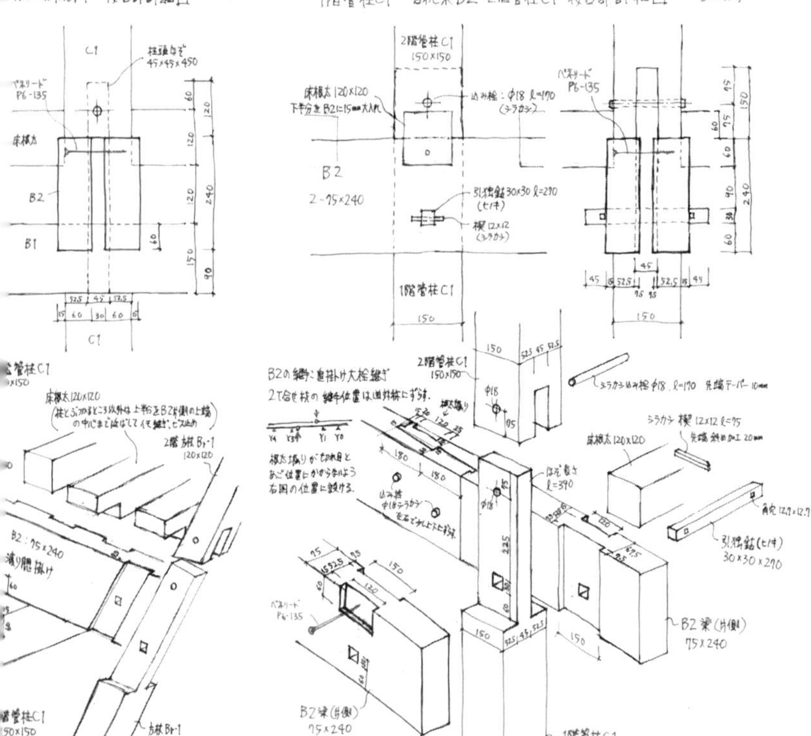

2

設計エスキス

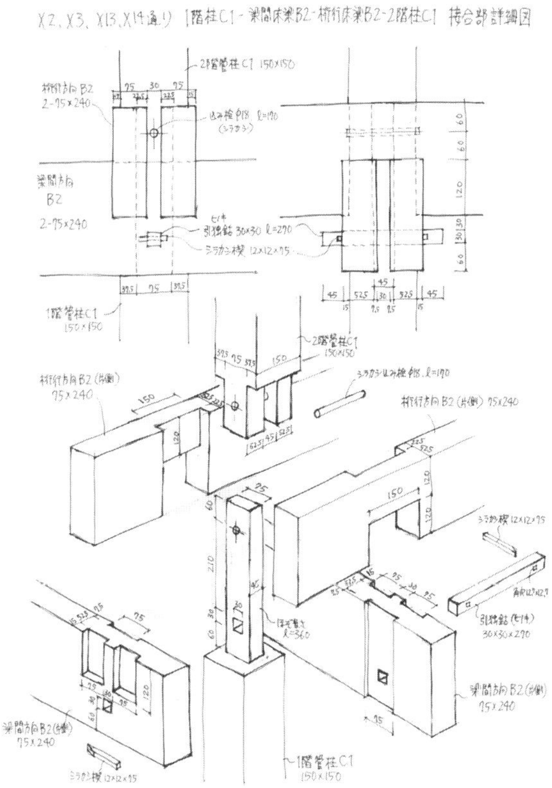

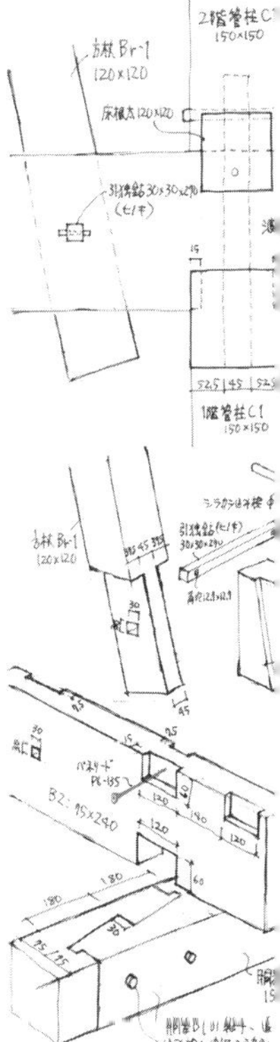

いつもながら、稲山氏のスケッチのリアリティには心底脱帽。

情報
コーナー

ドリンクバー
コーナー

ス(1)

風除室

ポーチ

アプローチ

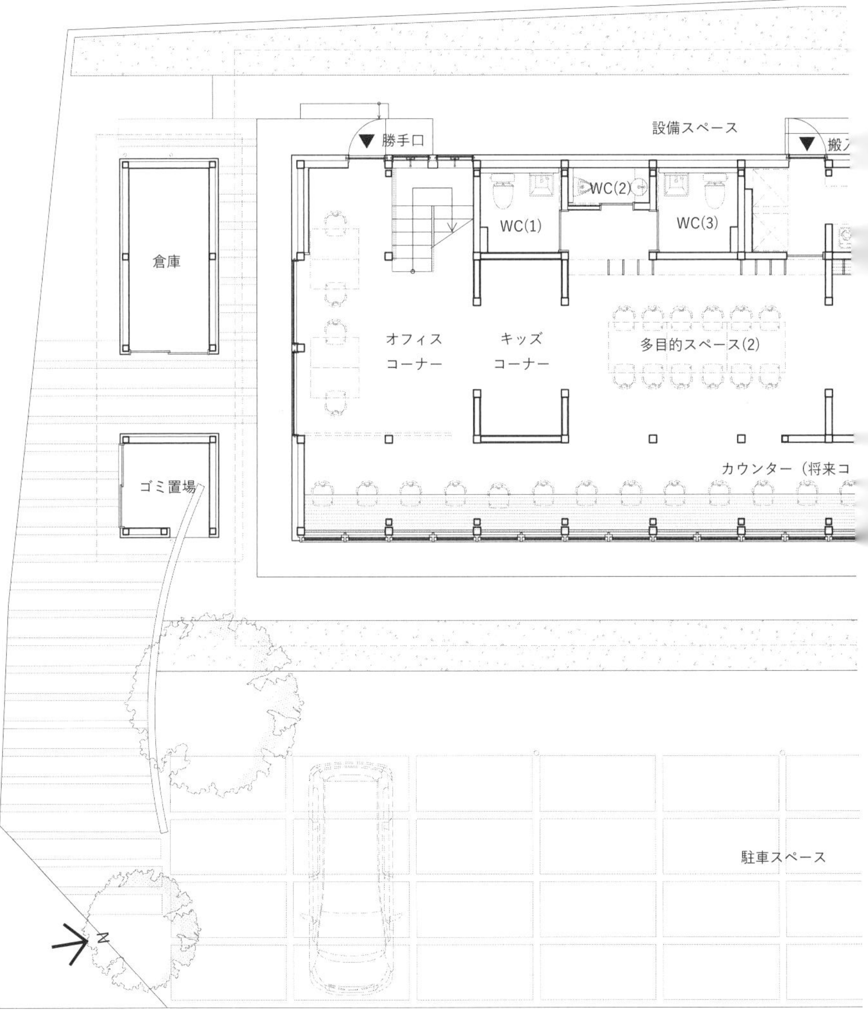
勝手口
設備スペース
搬入
倉庫
WC(1)
WC(2)
WC(3)
オフィス
コーナー
キッズ
コーナー
多目的スペース(2)
ゴミ置場
カウンター（将来コ
駐車スペース
N

1階平面図　S＝1／150

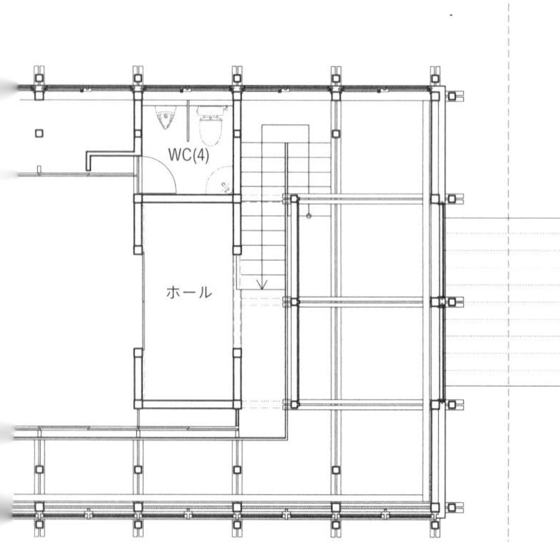

大工館 II

所 在 地 ／ 香川県高松市
主要用途 ／ 事務所
構　　造 ／ 木造軸組構法
敷地面積 ／ 662.63㎡（200.45坪）
建築面積 ／ 284.38㎡（86.03坪）
延床面積 ／ 274.18㎡（82.94坪）
設計監理 ／ 瀬野和広+設計アトリエ
設計協力 ／ 唯島友亮建築設計舎
構造設計 ／ ホルツストラ　稲山正弘
設備設計 ／ ZO設計室　柿沼整三
照明計画 ／ LIGHT PLAN　山本博之
施　　工 ／ 谷口建設興業
建　　主 ／ 大河内工務店

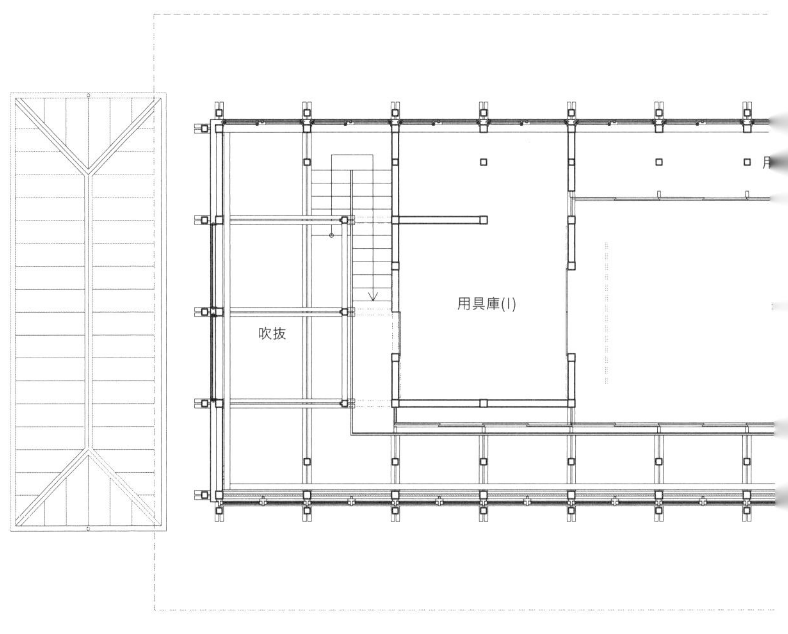

2階平面図　S=1／150

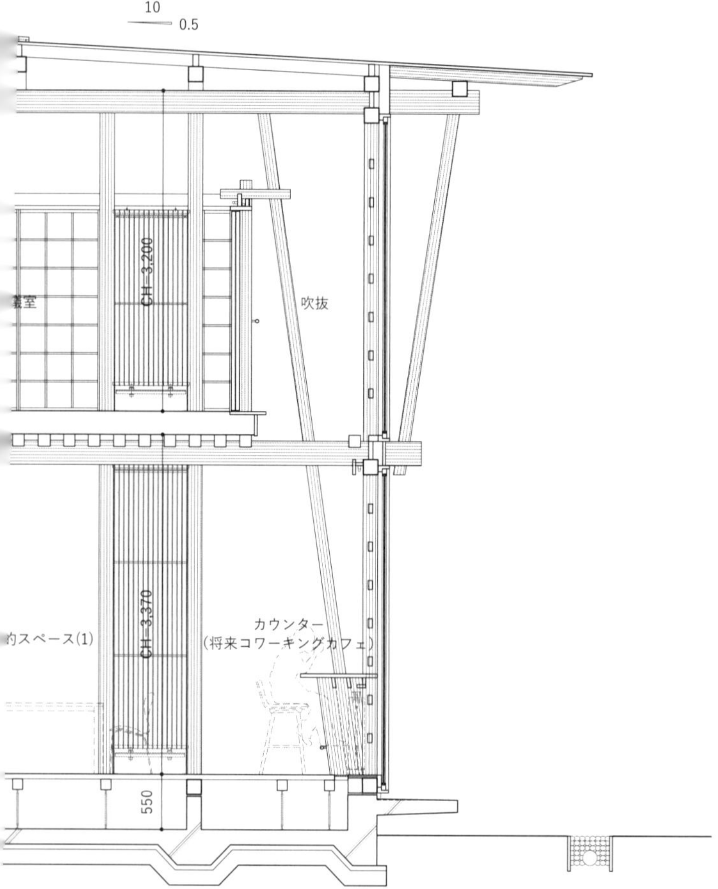
10
0.5
CH=3,200
議室
吹抜
CH=3,370
カウンター
(将来コワーキングカフェ)
的スペース(1)
550

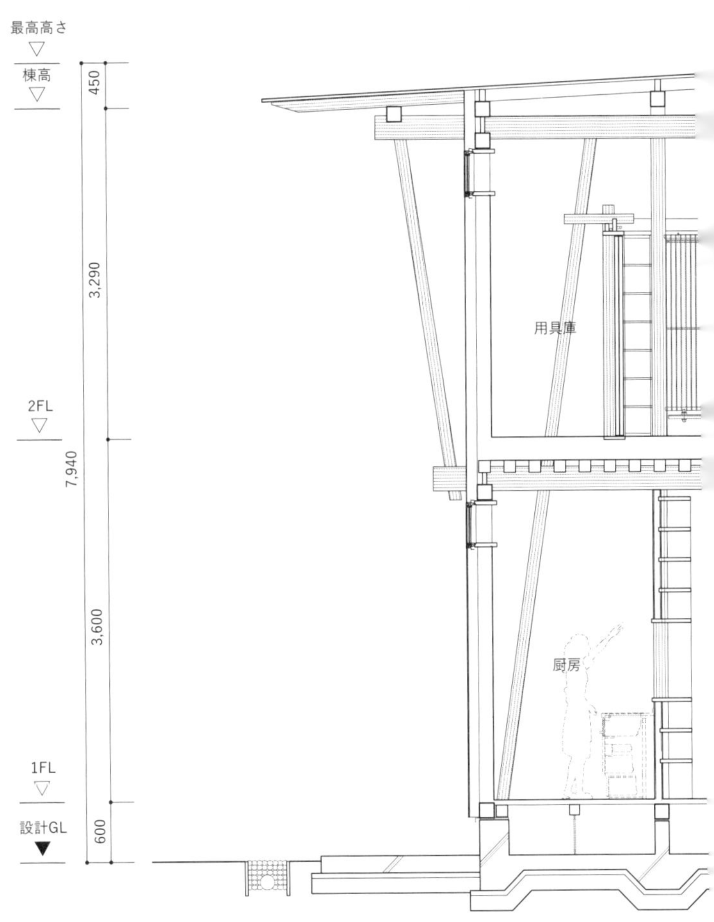
最高高さ
棟高
450
3,290
2FL
7,940
3,600
1FL
設計GL
600
用具庫
厨房

断面図　S=1／75

完成した大工館II。ファサードは全面ガラス張りとした。1間スパンごとに貫を通し、耐力壁との視覚的調和を図った。

1階内観。ヒノキ材を空間に現しながら、構造の仕組みと美しさを見せている。窓側のカウンターは、将来コワーキングカフェとして機能させる予定。

ファサード夜景。イメージどおり、「まちの行燈」として、この場所の景観になっていることが嬉しい。

コラム

軒先と垂木

軒の出のある屋根づくりを原則としている。敷地から導き出される容積を最大限確保しなければならない都市住宅ではなかなか難しいが、それでも軒の出にはこだわっている。陽差しの制御装置として、また風を呼び込むフードとして。さらには、縁側の雨よけなど、軒の出は決して侮ることはできない。

一方、その屋根の面的支えとしての細木群。「垂木」と名づけられた連続的部位が、軒先を切り取る。日本建築でも民家寺社を問わず構法として用いられながら、伝統的な美として認識されて今日に至る。われわれもその末端で小屋組や軒裏に、現し垂木によるデザインを試みている。だが、何

とも難しい。設計検討においてもっとも難しい部位で、全体像は絵面にしづらい。エスキスではもっぱら、その断面の検討くらいだろうか。振り返るまでもなく、このエスキス帖にも、その場面の登場はない。しかし、デザインとしてのみならず、すべての要であることは間違いなく、これからも軒先づくりにおいて、さまざまな工夫をしていきたい。

軒裏から軒先へと垂木組を積極的に現しにしている。部材は地元産スギやヒノキ。
極力風化に強い天然乾燥材を採用しているが、40℃くらいの低温人工乾燥くらいまでなら、細胞破壊もなく、精油分の温存も期待できるので許容している。

パン・ジャム工房と4世代住居

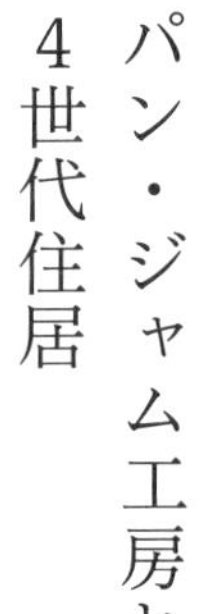

雪田楽

パン・ジャム工房が併設された家づくり。住まいは、曾孫までの4世代住居をコンパクトにまとめることがまずもっての課題であった。さらに工房棟は小規模ながら、パン製造、ジャム瓶詰、宅配のための牛乳保管用冷蔵庫、さらに2階部は将来カフェが想定されており、まさに機能満載。そうした働く工房づくりがもう一つの課題。

エスキスは住まいと工房が一体となった案からはじまり、片流れ

＜山型のヴォリューム案＞

4世代の住居と工房が一体となった山のような形状を考えているところ。

屋根案へと移行し、さらに分棟型にした最終案は、三角屋根が工房棟で、半割かまぼこ屋根が住まい棟である。三角屋根の工房棟は「雪間暮」同様の合掌構造だが、今回は正三角形のフレームワークにしている。配置計画を含めて二転三転しながら着工に漕ぎつけた。

＜住まいと工房一体型案＞

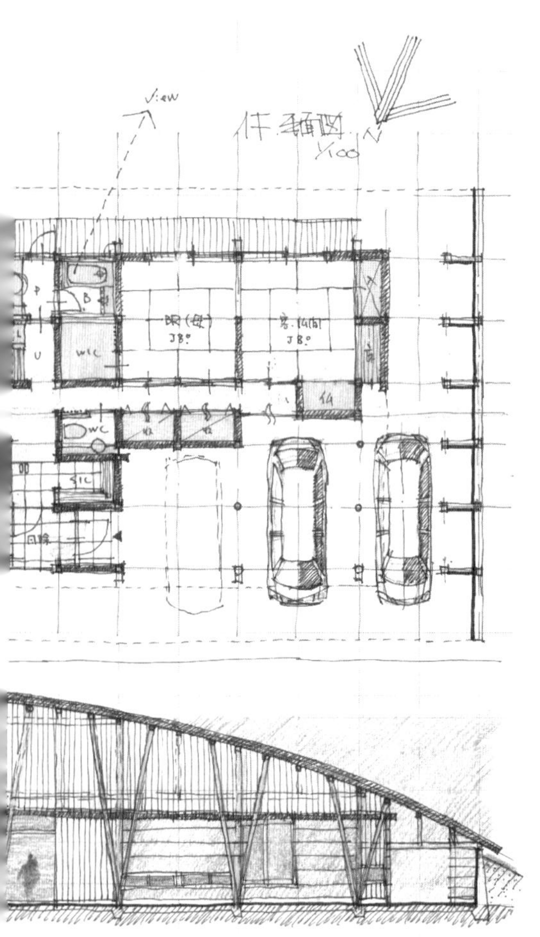

大家族ながら穏やかな暮らし向きの人柄（家柄）に好感をもった。地元で人気のベーグル製造の工房兼住居のため、エスキスにも自然に力が入る。住まい工房一体案が、予算的合理性があるため、しばらくこだわり続けた。

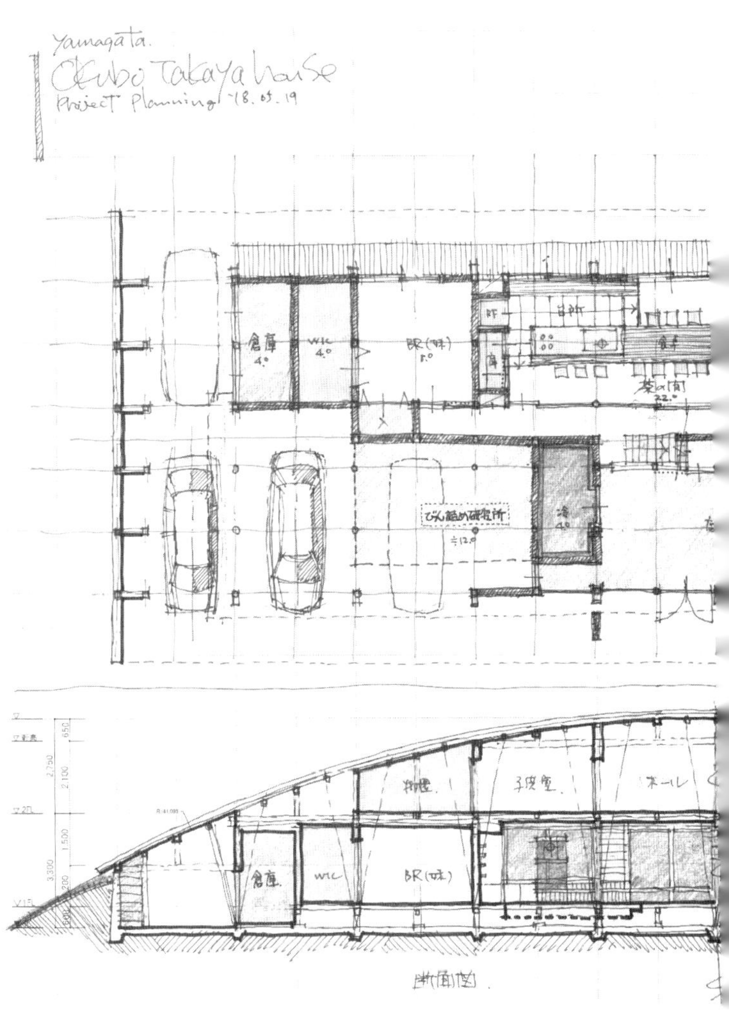

敷地の間口いっぱいに大地を盛り上げ、その断面に住まいと工房プログラムを挿入する形で、プランニングをまとめる。意外性が受け施主家族とともにしばらくこの山型プランニングに夢を見る。ただ、規模的に100坪を超えるプランでは実現性に乏しい現実問題をはらんでおり、縮小しながらの別案へと移行させることになった。

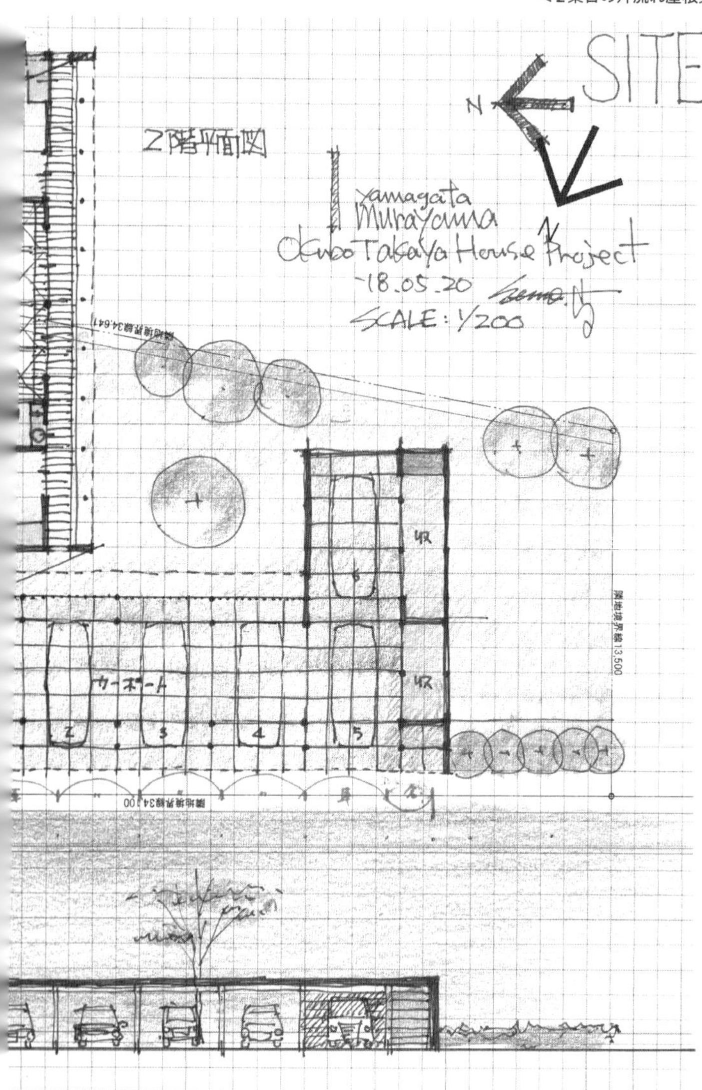
SITE
N
2階平面図
Yamagata
Murayama
Okubo Takaya House Project
18.05.20
SCALE : 1/200
隣地境界線34.641
収
収
カーポート
2
3
4
5
隣地境界線13.500
隣地境界線34.100

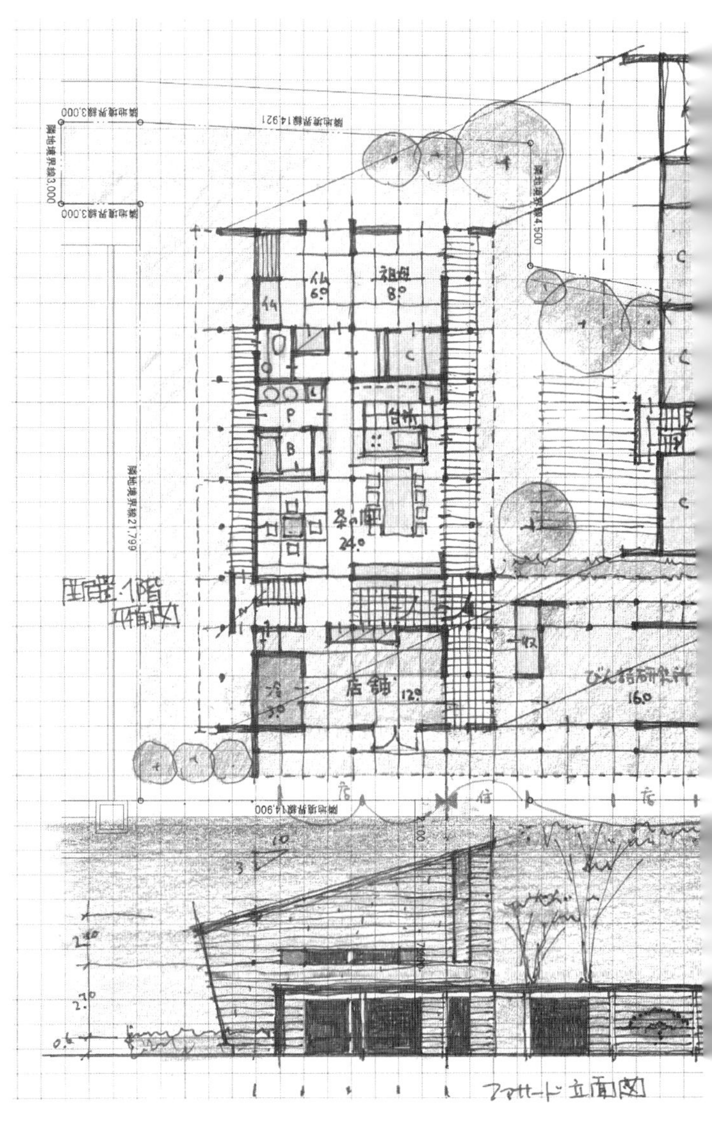

次に考えた単純片流れ型の総2階建てのオーソドックス案。低く抑えた工房と駐車スペースを門型のゲートにしようと考えた。1案目の間取りの基本構成や春まで雪下ろしをしない家づくりのコンセプトは引き継がれている。また施主提供のオリエンテーションもほぼ90°のズレが発覚。開口も南向きに直しながら、エスキスを進める。

＜片流れ屋根案をまとめる＞

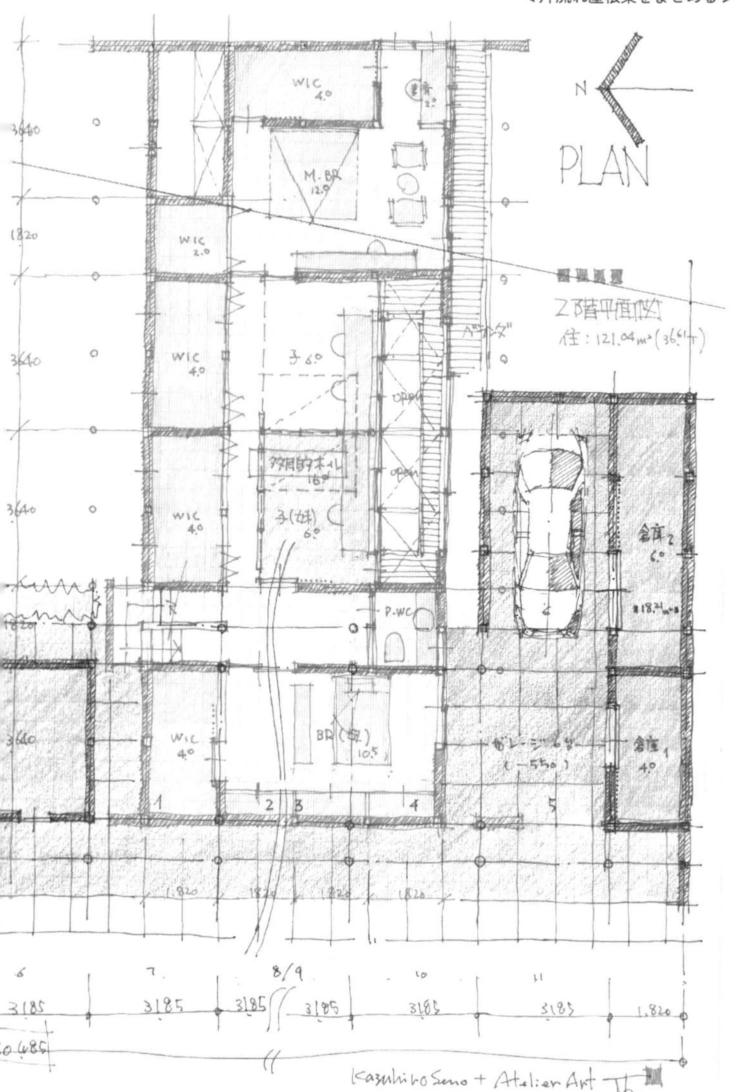

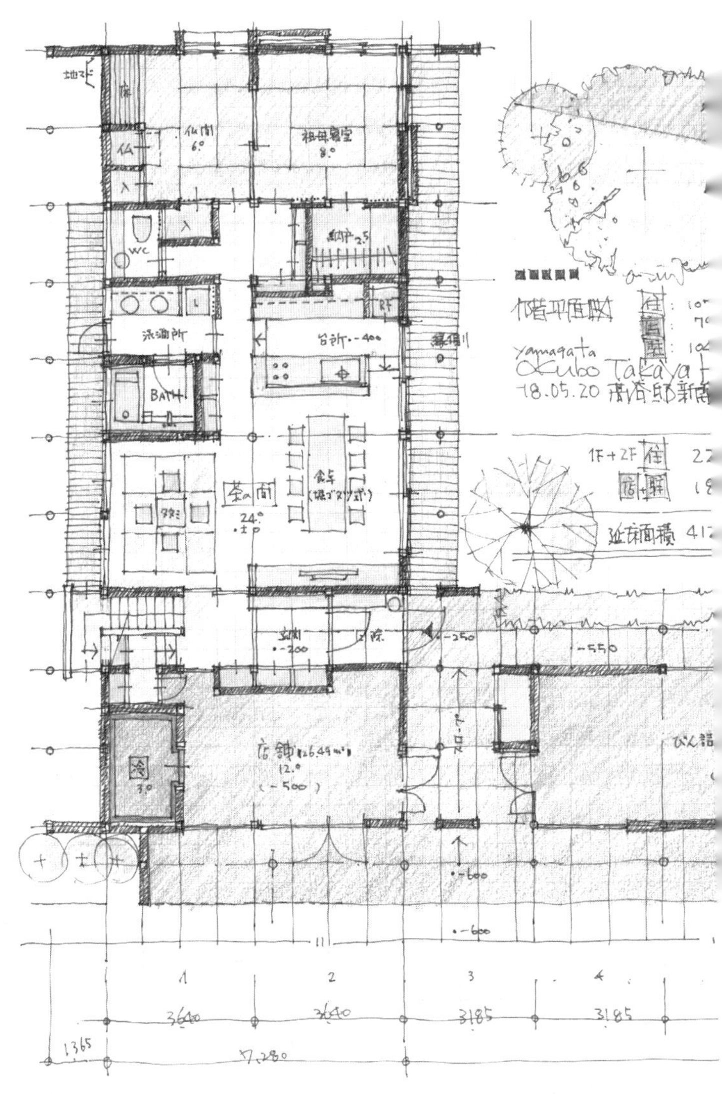

片流れ屋根案のプランがまとまる。間取り構成にはほぼ納得いただいたが、やはり面積がまだ大きい。さらなる住まい方の合理性を考えながら、規模縮小を図るため、片流れ屋根案も没に。さらに打合せの中で、そもそも住まいと工房の一体型の必要性がない意見が出はじめる。ならば分棟か……。

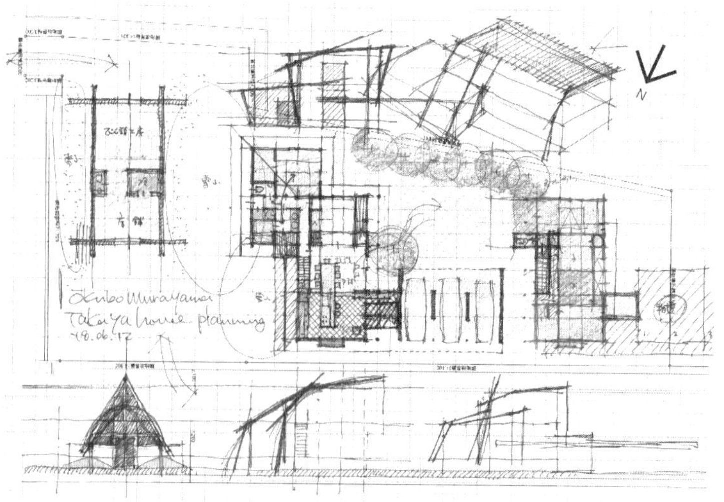

必要なヴォリュームを最小限にするために、住まいと工房を分離する案を検討しはじめる。

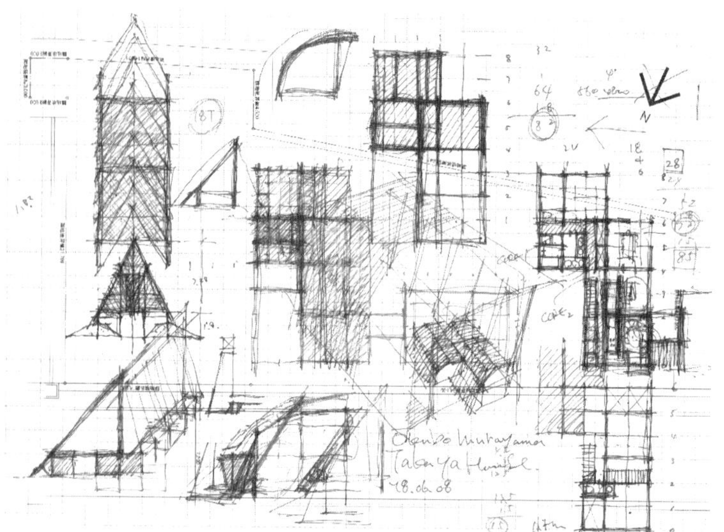

春まで除雪作業なしでしのげるコンセプトはそのままに、住まいと工房を分棟にすることで、むしろ規模もコストも抑えられることがわかる。工房棟には、パン仕込みのための作業場も新たな要望として出たことにより、可変的で対応しやすい分棟型へとシフトした。

＜工房棟のエスキス＞

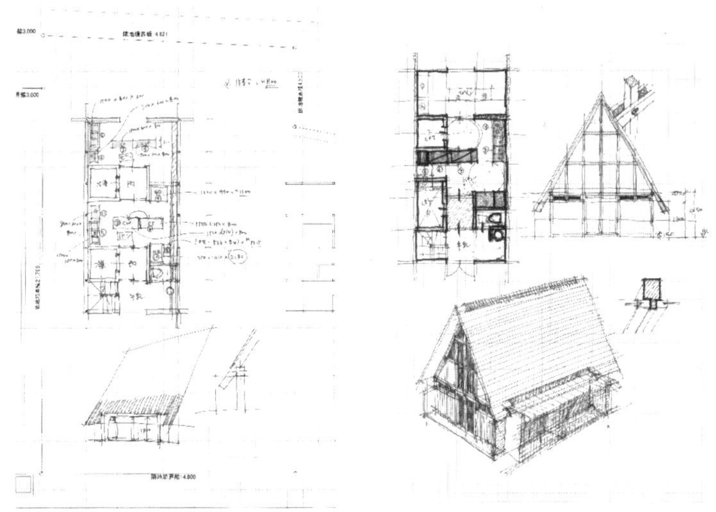

「工房棟」は合掌屋根で雪を纏うかたちで成立させようと考えた。

＜住まい棟のエスキス＞

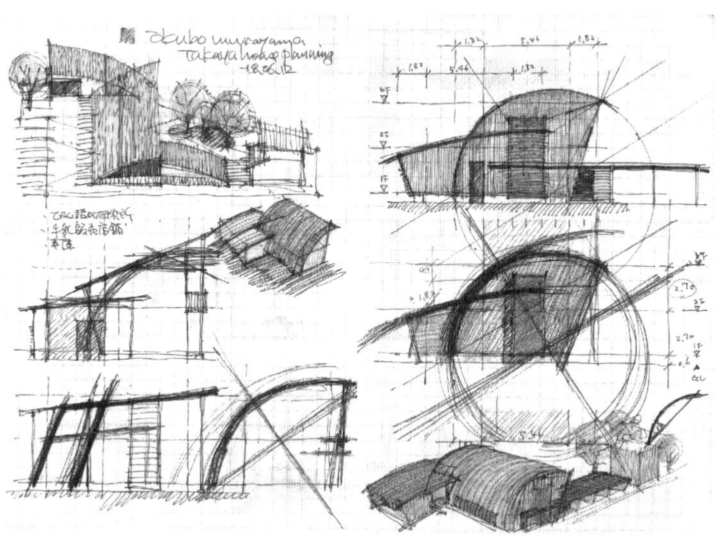

住まい棟は開口部と雪を纏う面を二分すべく、1/3 円弧ヴォリュームで検討をはじめた。

＜工房棟のプラン検討（什器レイアウト）＞

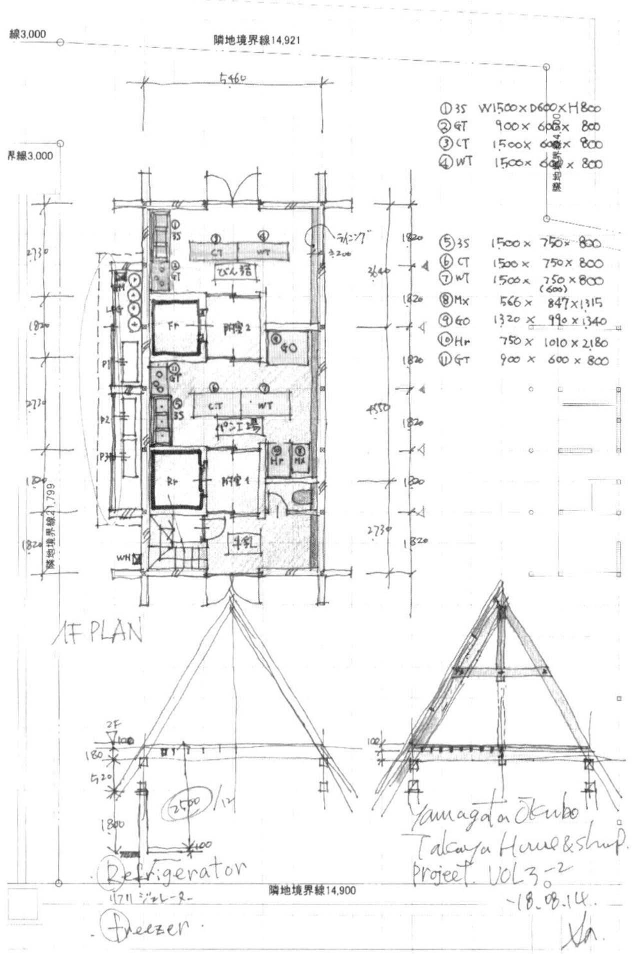

①～⑪と書かれているのは、工房に必要な什器類の寸法である。使い勝手や工程を考えて配置していく必要がある。その後も、什器の種類とレイアウトは二転三転しながら実施設計以降も引き継がれることに。

＜工房棟のディテール検討＞

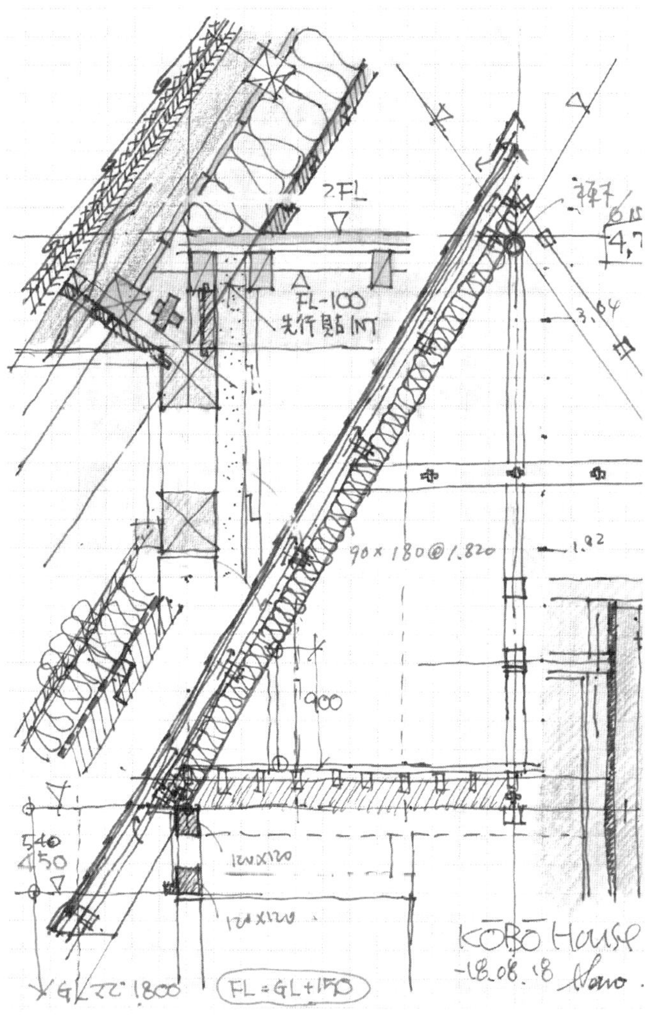

基本、「雪間暮」の断面を踏襲しているが、今回は完全な正三角形モデュールとした。そのことで、間口底辺寸法が合掌梁長さとなり、部材短縮のメリットが出た。機能的にさまざまな機材もしっかり納めなければならないので、エスキスとはいえ数値上の合理性が肝となる。ここでも仕口と断熱層の取り合いに注意が集中している。

＜分棟案の最終エスキス（1F）＞

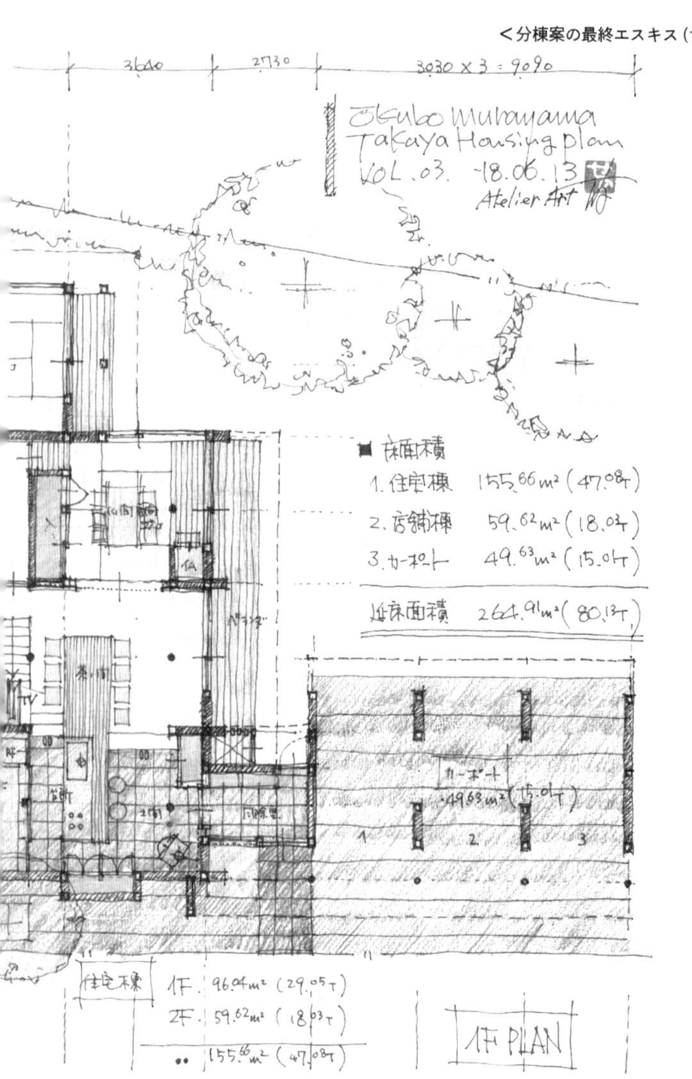

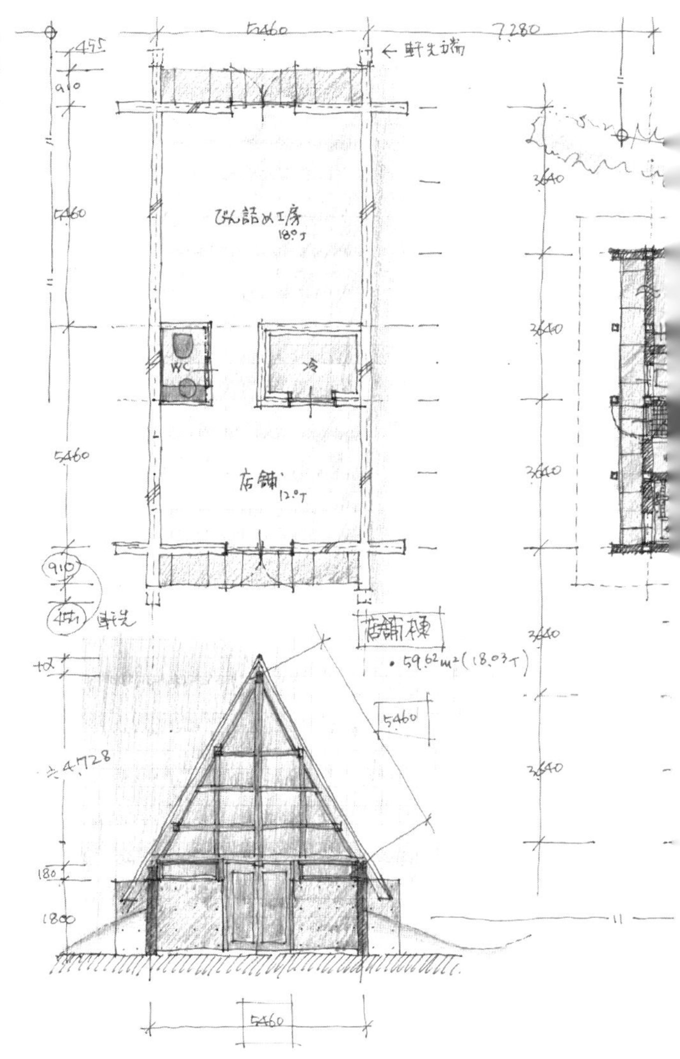

住まい棟、工房棟ともに最終形に近づいたところで配置も最終段階に。しかし、さらにローコストを図るため、建物の表面積を抑えるVEプランニングに入ることに。その上で、住まい棟は90°左回転。南向きから眺望を優先させた東向きへと変更させ、実施案とした。

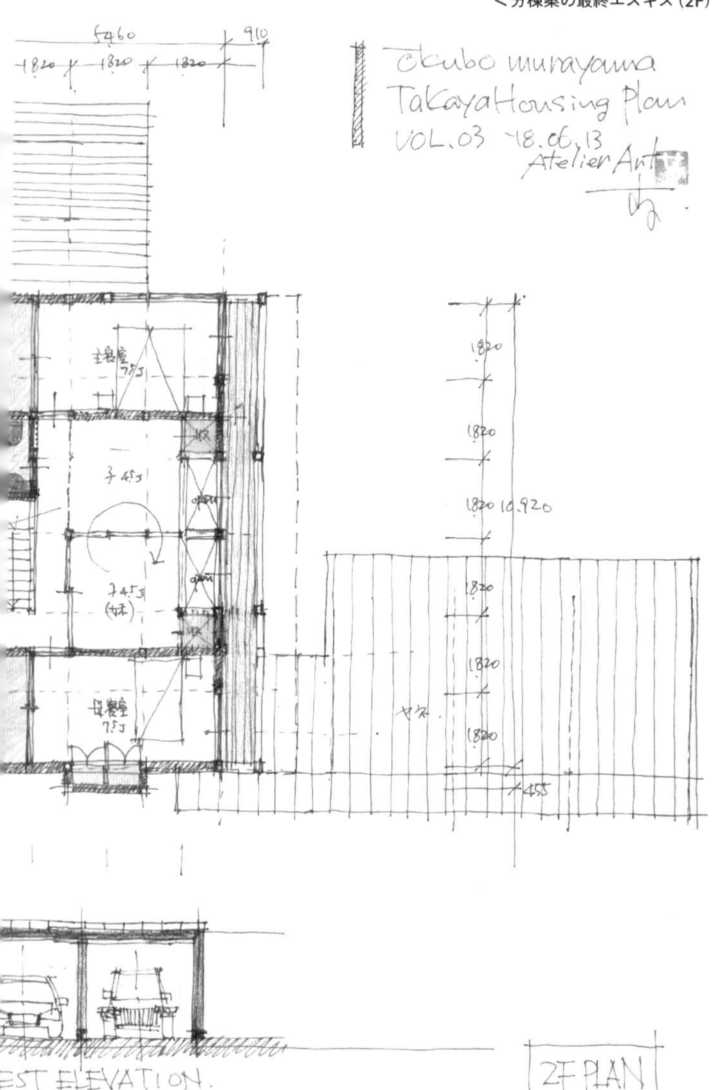
5460
910
1820
1820
1820
Okubo murayama
TakayaHousing Plan
VOL.03 '18.06.13
Atelier Art
主寝室
7.5J
子 4.5J
子 4.5J
(妹)
母寝室
7.5J
1820
1820
1820 10,920
1820
1820
1820
455
ヤネ
EST ELEVATION.
2F PLAN

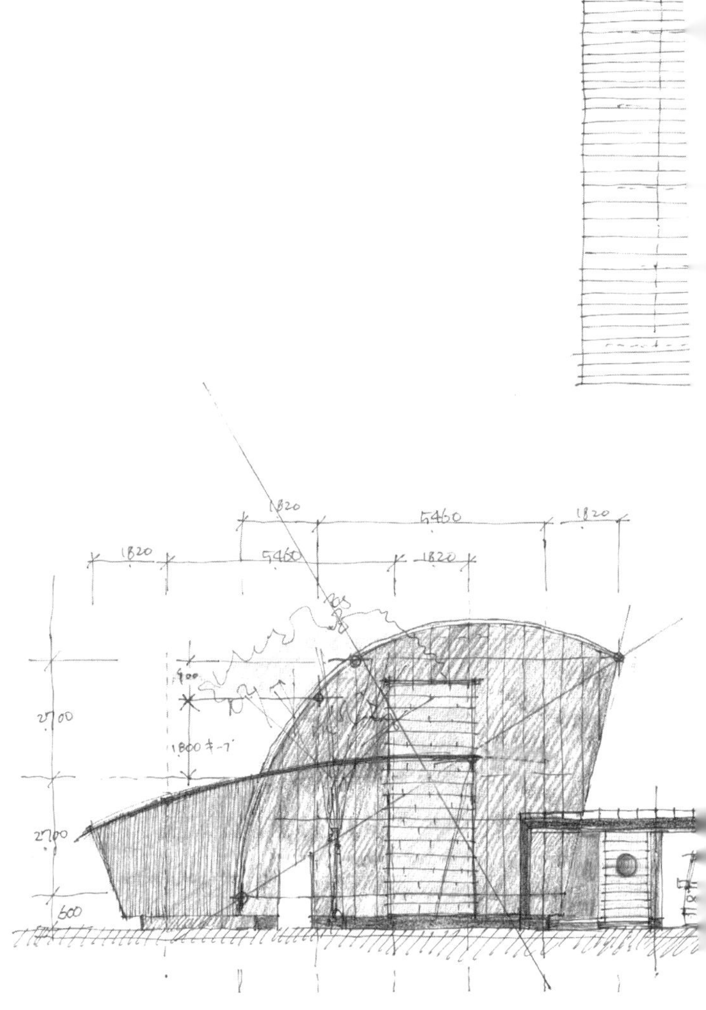

住まい棟の立面と2階プランをまとめる。この後、基本設計時に平屋部は2階建ての円弧部に吸収される形となり、さらに面積を減らしている。その結果、上エスキスの下屋部は2階を延長する形となり、カーポート下屋は没に。その後、実施案はさらに雁行プランを単純化。カマボコ屋根も総2階型のワンボックス形状となる。

雪田楽

村山の「あんばいのいい家」設計活用推進事業

所 在 地 ／ 山形県村山市
主要用途 ／ 一戸建ての住宅＋工場
構　　造 ／ 木造軸組構法
敷地面積 ／ 1002.15㎡（302.54坪）
延床面積 ／ 293.15㎡（88.67坪）
設計監理 ／ 瀬野和広+設計アトリエ
共　　同 ／ 金内勝彦設計工房
施　　工 ／ 齋藤工務店

<住まい棟>
建築面積 ／ 120.58㎡（36.40坪）
床面積　 ／ 165.62㎡（50.10坪）

<工房棟>
建築面積 ／ 70.47㎡（21.47坪）
床面積　 ／ 127.53㎡（38.57坪）

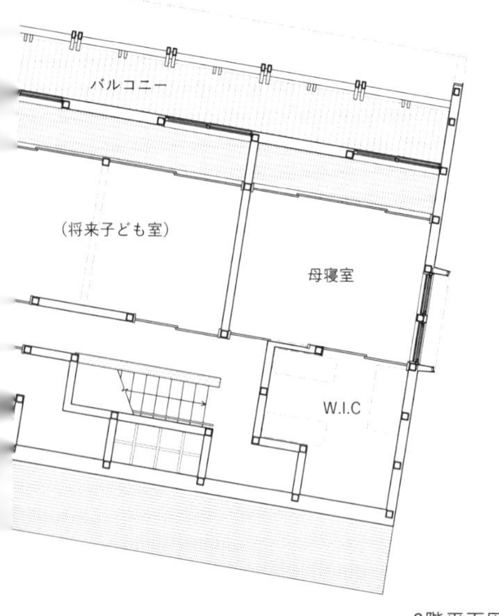

2階平面図

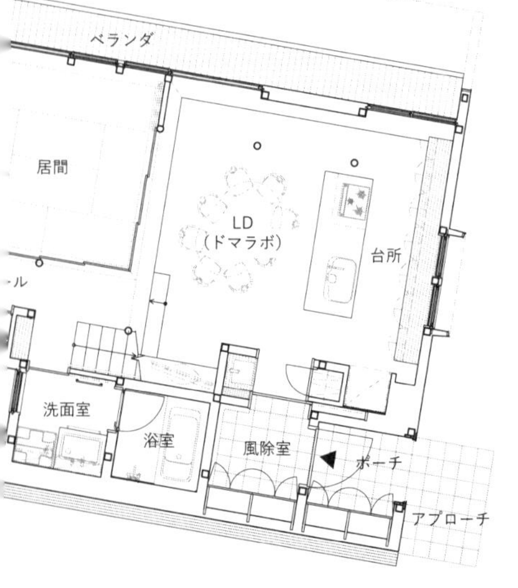

<住まい棟>
1階平面図

S=1／150

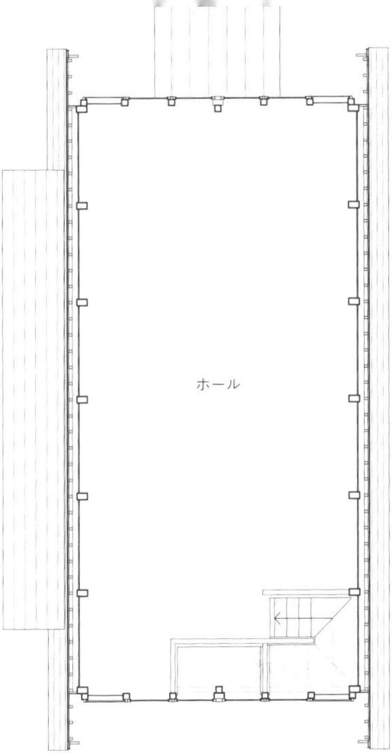

ホール

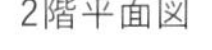

2階平面図

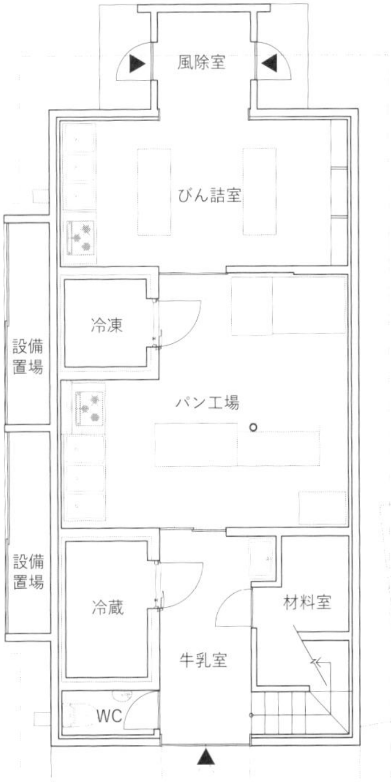

風除室

びん詰室

冷凍

設備
置場

パン工場

設備
置場

冷蔵

材料室

牛乳室

WC

<工房棟>
1階平面図

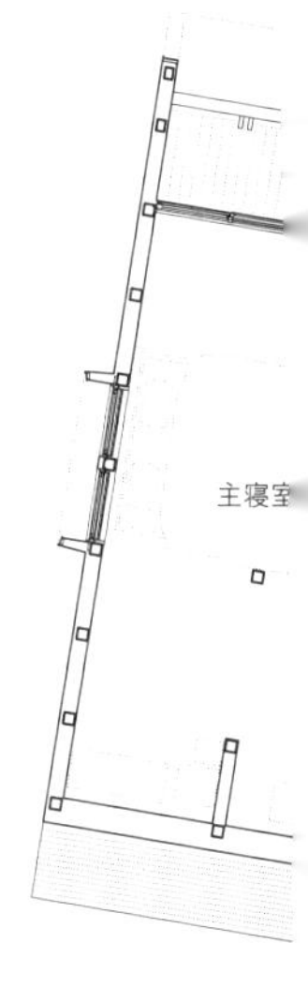

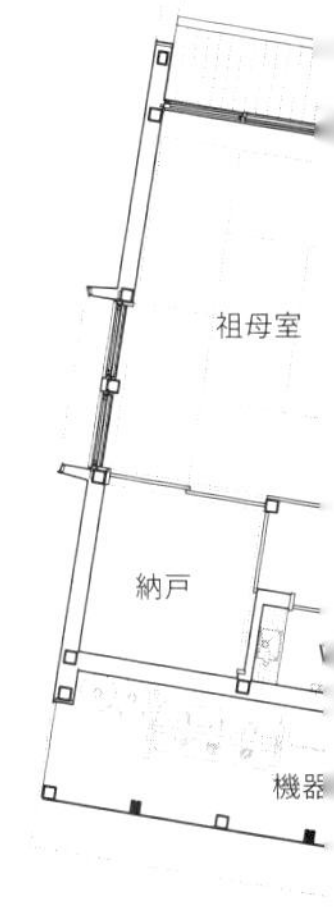

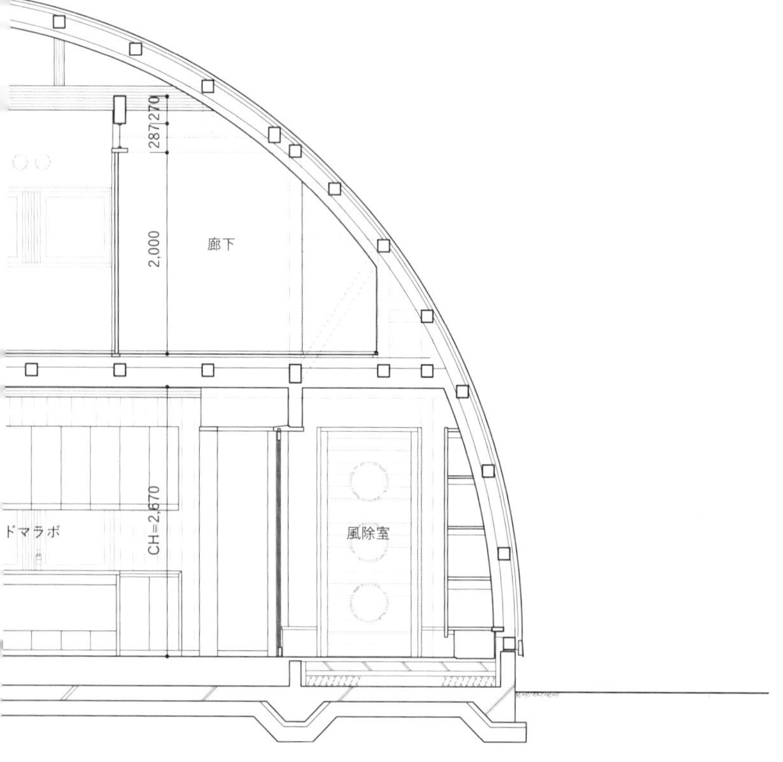
287
270
2,000
廊下
ドマラボ
CH=2,670
風除室

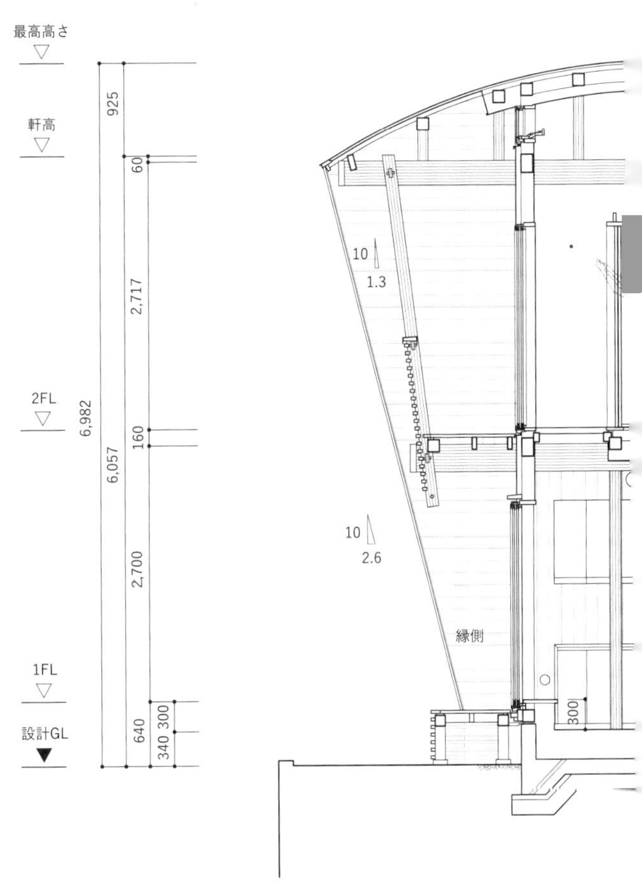

<住まい棟>断面図　S=1／75

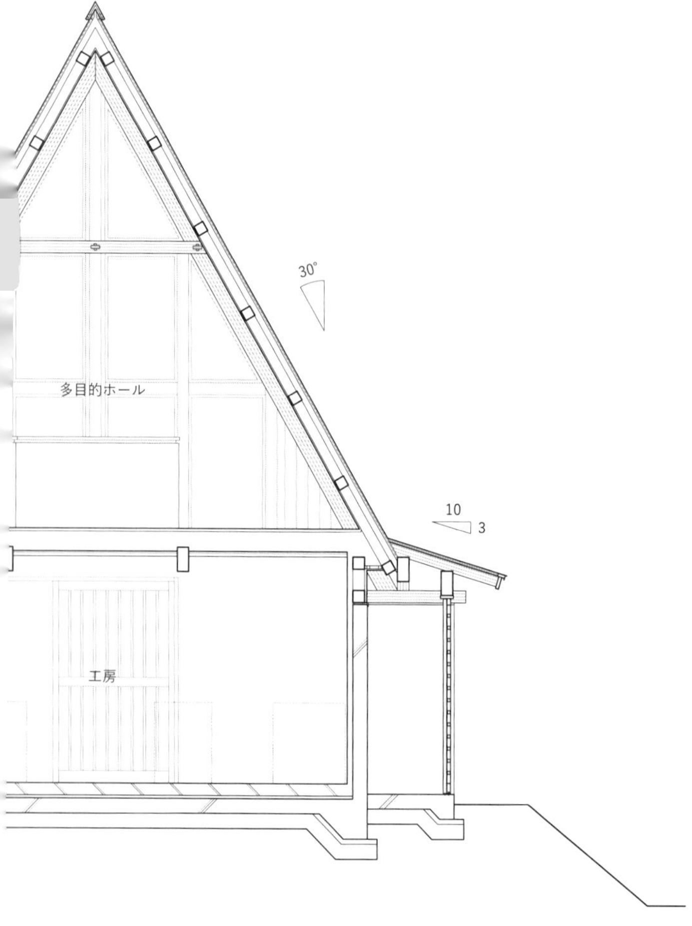
30°
多目的ホール
10
3
工房

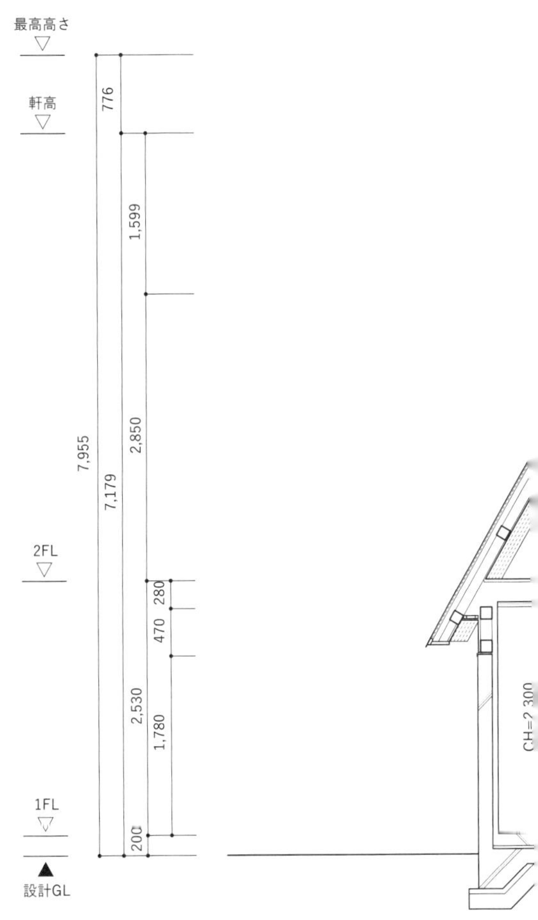
最高高さ
776
軒高
1,599
2,850
7,955
7,179
2FL
280
470
2,530
1,780
1FL
200
設計GL
CH=2,300

<工房棟>断面図　S=1／75

初冬の風景。背景に北山、さらに奥に葉山と、山々を屏風にしながら。

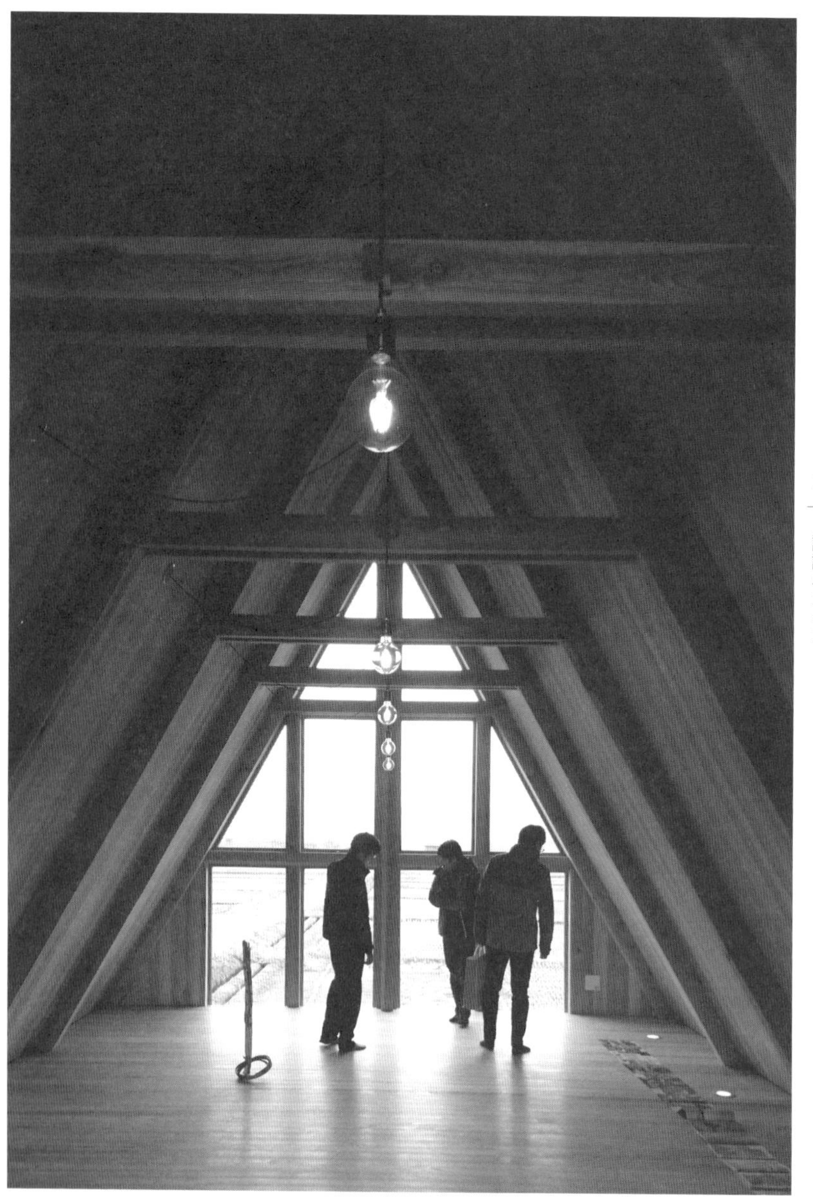

工房棟２階のホール。今後カフェとしてオープンさせる予定。

住まい棟のドマラボ。板土間のLDKが同一レベルで機能する。

コラム

オープンハウス

ほとんどの家づくりにおいて、竣工時に見学会を開催している。建築自慢のお披露目会とも捉えられそうだが、それよりも、家づくり希望のご家族に対して、実際の家に触れていただきながら、「ドマラボ」や「縁側間取り」のような暮らし向きを想像してもらいたいという思いから、このオープンハウスを積極的に開催している。

開催時は、ただ見ていただくのも気が引けるので、案件ごとに、家づくりに対する思いを綴った三つ折りパンフを配布している。パンフレットは、毎度遊び心でつけているその家の〝あだ名〟をキャッチコピーにしており、見開きにはコンセプトや断面図とともに、主に自然環境との付き合い方が絵解きされている。閉じると、途中にプラン、背表紙に設計概要という統一フォーマットでできている。毎回百組を超える来場者になるため、言葉足らずを補う必須アイテムである。

オープンハウスの際に配布するパンフレット。本書にもあるように、ちょっとした遊び心で、すべての家に“あだ名”を付けている。ユニークに印象づけたい狙いもある。

あとがき

「瀬野式」とタイトルが示すように、エスキス作業を通じて、自身の建築に対するつぶやきをまとめてみた。家づくりを中心に、具体的作例、その思考錯誤のプロセスをご覧いただいた。ずいぶん見苦しい絵空事の連続を、この場を借りてお詫びしたい。

設計者全員がこのプロセス抜きに建築づくりは不可能なはずで、常々多くの建築家の手の動かし方に興味がある。ましてや、これから建築の道に進もうと考えている方や多くのものづくりに携わっている方々も同じ思いでいるのではないだろうか。今後多くのものづくりプロセスを見る機会につなげるためにも、自らの恥をさらけ出すことで、読者の自信にしていただこうと綴りはじめた。元来、頭で考えるより手で考える性格は自覚しているつもり。考える前にまず「描く」作業を繰り返し、その中に設計の手がかりを見出してきた。絵の仕上げが目的ではないので、デッサン力の有無を問われるなら自信喪失だが、8軒ほどの実例とそのエスキスを通じ、プロセスを追ってみた。

編集にあたっては、オーム社三井渉氏の強靭的プロデュース力に頭が下がる。さみだれ落描き帖が一本の芯ある構成になったことは、氏の編集構造家としてのスキル抜きには語れない。一方、膨大な数のエスキスを前にして、本業の合間を見事に縫い合わせるように整理整頓作業をこなしてくれたアトリエスタッフもねぎらいたい。惜しむらくは、今回のキャパに納まらなかったまだまだ多くのエスキスたち。万が一の続編など、またの機会に登場できることを夢見ながら。

最後に、この本を手に取っていただいた多くの方に感謝とお礼を申し上げたい。どうもありがとう。

おしまい。

瀬野 和広

（せの かずひろ）

設計アトリエ主宰

一級建築士

管理建築士

1957 山形県生まれ

1978 東京デザイナー学院卒

鬼工房 勤務

1979～1988 大成建設 設計本部 勤務

1988 設計アトリエ一級建築士事務所設立

1987～2004 東京デザイナー学院非常勤講師

2009～ 東京都市大学非常勤講師

2019～ 山形県・やまがた森林ノミクス大使

瀬野和広＋設計アトリエ

http://www.senonose.com/

デザイン

石曽根 昭仁［ishisone design］

瀬野式・住宅設計エスキス帖

2020年5月20日　　第1版第1刷発行

著　者　瀬野和広
発行者　村上和夫
発行所　株式会社 オーム社

郵便番号　101-8460
東京都千代田区神田錦町3-1
電話　03(3233)0641(代表)
URL　https://www.ohmsha.co.jp/

印刷　壮光舎印刷　　製本　牧製本印刷
ISBN978-4-274-22502-4　Printed in Japan